Estrategia A. R. E. para Empresarios Exitosos

Por GONZALO ESTRADA

ANALIZA RESUELVE EJECUTA

First edition. February 27, 2024.

Copyright © 2024 Gonzalo Estrada.

ISBN: 979-8224668816

Written by Gonzalo Estrada.

Also by Gonzalo Estrada

Self Healing
Visualiza tu Éxito
Cultivando Líderes
Afirmaciones y Empoderamiento
Semillas de Cambio
Cómo convertir TikTok en una máquina de hacer dinero
Cómo hacer dinero con Pinterest
Cómo hacer un ensayo
Cómo Pedir un Aumento de Sueldo
Currículo Poderoso
Entrenamiento sin Violencia
Entrevista Laboral
Gana Dinero con X (Twitter)
Ganar Masa Muscular
Volver a Empezar; el arte de reinventarse
Analiza Resuelve Ejecuta
Aromatherapy, The natural path to your pet´s well being
Holistic Feeding
The ABC of Educating Your Pet
The Art of Cosmic Connection
The Art of Feng Shui applied to your Pets
From Scarcity to Abundance
The English Bulldog in The Family
The French Bulldog
Therapeutic Massages for Pets

Tabla de Contenido

Contenido 1

Capítulo 1: Introducción 3

Capítulo 2: Importancia del Análisis 7

Capítulo 3: Herramientas de Análisis 11

Capítulo 4: Identificación de Oportunidades 15

Capítulo 5: Creatividad en la Resolución....................................... 19

Capítulo 6: Selección de la mejor solución 23

Capítulo 7: Planificación de la Ejecución 27

Capítulo 8: Superación del Miedo al Fracaso 31

Capítulo 9: Acción Inmediata 35

Capítulo 10: Seguimiento y Ajuste.. 39

Capítulo 11: Persistencia y Consistencia....................................... 43

Capítulo 12: Automatización y Escalabilidad 47

Capítulo 13: Delegación de Tareas 51

Capítulo 14: Administración del Tiempo 55

Capítulo 15: Mentalidad Emprendedora....................................... 59

Capítulo 16: Resolución de problemas comunes............................ 63

Capítulo 17: Casos Hipotéticos de Ejemplo 67

Capítulo 18: Feedback y mejora continua 71

Capítulo 19: Aplicaciones en diferentes áreas 75

Capítulo 20: Conclusiones y recomendaciones finales 79

Siempre hay algo nuevo que aprender y siempre habra algo que agradecer, con cariño para Gonz y Ana y mi complice Monica.

Contenido

Capítulo 1: Introducción

Capítulo 2: Importancia del Análisis

Capítulo 3: Herramientas de Análisis

Capítulo 4: Identificación de Oportunidades

Capítulo 5: Creatividad en la Resolución

Capítulo 6: Selección de la mejor solución

Capítulo 7: Planificación de la Ejecución

Capítulo 8: Superación del Miedo al fracaso

Capítulo 9: Acción Inmediata

Capítulo 10: Seguimiento y Ajuste

Capítulo 11: Persistencia y Consistencia

Capítulo 12: Automatización y Escalabilidad

Capítulo 13: Delegación de Tareas

Capítulo 14: Administración del Tiempo

Capítulo 15: Mentalidad Emprendedora

Capítulo 16: Resolución de problemas comunes

Capítulo 17: Casos Hipotéticos de Ejemplo

Capítulo 18: Feedback y mejora continua

Capítulo 19: Aplicaciones en diferentes áreas

Capítulo 20: Conclusiones y recomendaciones finales

Capítulo 1: Introducción

Presentación del concepto de A. R. E. y su aplicación para generar ingresos.

En el mundo empresarial actual, la capacidad de adaptación y la búsqueda constante de nuevas estrategias son fundamentales para alcanzar el éxito. Los empresarios exitosos comprenden que la innovación y la implementación de tácticas efectivas son elementos clave para lograr un crecimiento sostenible en un mercado competitivo.

En este primer capítulo, presentaremos un enfoque revolucionario conocido como la Estrategia A. R. E. para Empresarios Exitosos. Esta metodología ha demostrado ser altamente eficiente en la generación de ingresos y la expansión de los negocios. A través de la aplicación de esta estrategia, los empresarios podrán aprovechar al máximo sus recursos y oportunidades para alcanzar sus metas financieras y profesionales.

La Estrategia A. R. E., que significa Análisis, Resolución y Ejecución, se basa en un proceso meticuloso y estructurado para abordar los desafíos y oportunidades que enfrentan los empresarios. Comienza con un análisis exhaustivo de la situación actual del negocio, evaluando tanto los aspectos internos como los externos que pueden afectar su rendimiento.

En esta etapa de análisis, es vital realizar una evaluación detallada de los puntos fuertes y las áreas de mejora de la empresa. Además, es necesario examinar el entorno empresarial, identificando tanto las oportunidades que pueden ser aprovechadas como las amenazas que podrían obstaculizar el crecimiento. Este análisis brinda a los empresarios una visión clara y objetiva de su posición actual, permitiéndoles tomar decisiones informadas y estratégicas.

Una vez finalizada la fase de análisis, el siguiente paso es la resolución. En esta etapa, los empresarios deben definir objetivos claros y desarrollar estrategias específicas para alcanzarlos. Es importante establecer metas realistas y medibles, ya que esto permitirá evaluar el progreso y ajustar las estrategias según sea necesario.

La resolución también implica identificar las principales áreas de enfoque y prioridad para la empresa. ¿Cuáles son las áreas críticas que requieren mejoras inmediatas? ¿Qué iniciativas deben implementarse para aumentar la eficiencia y la rentabilidad? Estas son algunas de las preguntas que los empresarios deben abordar durante esta fase.

Finalmente, llegamos a la etapa de ejecución. Aquí es donde las ideas y estrategias se convierten en acciones tangibles. Los empresarios deben asignar los recursos adecuados y definir un plan de acción claro y realizable. Es fundamental comunicar de manera efectiva las metas y los roles a todo el equipo, asegurándose de que todos estén comprometidos y alineados con la visión de la empresa.

La ejecución exitosa de la Estrategia A. R. E. requiere un seguimiento constante y una evaluación periódica de los resultados. Los empresarios deben estar dispuestos a adaptarse y realizar los ajustes necesarios en función de la retroalimentación y el análisis continuo.

La aplicación de la Estrategia A. R. E. puede marcar la diferencia entre el éxito y el estancamiento empresarial. Al seguir este enfoque estructurado y disciplinado, los empresarios podrán optimizar su rendimiento, identificar nuevas oportunidades de crecimiento y alcanzar sus metas con mayor eficacia.

Una vez que los empresarios han ejecutado la Estrategia A. R. E. y han alcanzado sus metas iniciales, es crucial que continúen evolucionando y adaptándose a los constantes cambios del mercado. La capacidad de aprendizaje y mejora continua es una de las características distintivas de los empresarios exitosos.

En esta segunda mitad del capítulo, exploraremos cómo los empresarios pueden mantener el impulso y asegurarse de que su estrategia sea efectiva a largo plazo. Uno de los aspectos clave es el seguimiento y la evaluación de los resultados. Los empresarios deben analizar de manera constante su desempeño y determinar si están alcanzando los objetivos establecidos. Esto les permitirá identificar áreas de mejora y ajustar su enfoque según sea necesario.

Además del seguimiento interno, es importante estar al tanto de las tendencias y cambios en el entorno empresarial. Los empresarios deben estar dispuestos a adaptarse y anticiparse a las fluctuaciones del mercado. Esto implica mantenerse informados, asistir a conferencias, leer publicaciones especializadas y relacionarse con otros empresarios para compartir ideas y experiencias.

Otro aspecto fundamental para asegurar el éxito a largo plazo es el desarrollo y el crecimiento personal. Los empresarios deben invertir tiempo y recursos en su propia formación y capacitación. Esto puede implicar tomar cursos, asistir a seminarios o contratar a coaches y mentores para recibir orientación y apoyo. Un empresario exitoso busca constantemente oportunidades de crecimiento y mejora no solo para su negocio, sino también para sí mismo.

La innovación es también un elemento esencial para el éxito empresarial. Los empresarios deben estar dispuestos a pensar de manera creativa y explorar nuevas ideas y estrategias. Esto implica estar abierto al cambio y al riesgo calculado. A veces es necesario salir de la zona de confort y probar cosas nuevas para alcanzar un mayor crecimiento y éxito.

Asimismo, los empresarios deben prestar atención a la gestión de su equipo. Un equipo sólido y motivado es fundamental para alcanzar los objetivos establecidos. Los empresarios exitosos saben delegar responsabilidades, fomentar un ambiente de trabajo positivo y brindar oportunidades de crecimiento y desarrollo a sus empleados. La gestión efectiva del talento y el liderazgo son habilidades indispensables para generar resultados exitosos a largo plazo.

Por último, pero no menos importante, los empresarios exitosos entienden la importancia de mantener un equilibrio entre vida personal y profesional. Si bien el trabajo duro y la dedicación son necesarios, también es crucial dedicar tiempo a la familia, hobbies y tiempo libre. El burnout y la falta de equilibrio pueden afectar negativamente el desempeño empresarial a largo plazo.

En conclusión, la Estrategia A. R. E. puede proporcionar a los empresarios una estructura sólida para generar ingresos y alcanzar el éxito. Sin embargo, es importante recordar que este enfoque debe ser dinámico y estar en constante evolución. Los empresarios exitosos continúan aprendiendo, mejorando y adaptándose para mantenerse en la cima de su industria. Al implementar la Estrategia A. R. E. de manera disciplinada y enfocada, los empresarios podrán avanzar hacia el logro de sus metas financieras y profesionales con confianza y éxito duraderos.

Capítulo 2: Importancia del Análisis

En el acelerado mundo de los negocios, tomar decisiones precipitadas puede ser un gran error. Los empresarios exitosos saben que analizar detenidamente cada situación antes de actuar es la clave para lograr resultados favorables. El análisis adecuado permite comprender a fondo los desafíos y oportunidades presentes, permitiendo establecer una estrategia sólida y evitar posibles errores costosos.

Antes de adentrarnos en la importancia del análisis, es fundamental comprender qué implica realmente esta práctica. El análisis es un proceso sistemático que involucra recopilar, evaluar e interpretar información relevante respecto a un tema determinado. En el contexto empresarial, implica investigar minuciosamente los factores internos y externos que pueden afectar el desempeño de una empresa.

El análisis empresarial abarca diversas áreas, desde el estudio de mercado hasta el análisis financiero y la evaluación de riesgos. Cada una de estas etapas es esencial para desarrollar una comprensión completa de la situación actual de la empresa y su entorno, así como para identificar las oportunidades y amenazas que puedan surgir.

Uno de los principales beneficios del análisis empresarial es que nos permite anticipar problemas potenciales y abordarlos de manera proactiva. Al evaluar exhaustivamente los datos disponibles, podemos identificar áreas de mejora, detectar posibles obstáculos en el camino y desarrollar estrategias efectivas para superarlos. Al hacerlo, reducimos significativamente el riesgo de cometer errores costosos, lo que a su vez nos acerca más al éxito empresarial.

Otra ventaja fundamental del análisis es que nos proporciona una visión clara y objetiva de la realidad empresarial. Al analizar los datos de manera imparcial, evitamos tomar decisiones basadas en suposiciones o emociones. Esto nos permite tomar decisiones más informadas y fundamentadas, maximizando así nuestras posibilidades de alcanzar nuestros objetivos.

Además, el análisis empresarial nos brinda la oportunidad de identificar oportunidades que de otro modo podrían pasar desapercibidas. Al examinar en detalle el mercado, los competidores y las tendencias, podemos descubrir nuevas áreas de crecimiento y nichos de mercado potenciales. Estas oportunidades pueden ser clave para diferenciarnos de la competencia y lograr un éxito sostenible a largo plazo.

En resumen, el análisis es una herramienta fundamental para los empresarios exitosos. Nos permite comprender en profundidad la realidad de nuestra empresa, identificar posibles obstáculos y oportunidades, y tomar decisiones informadas y fundamentadas. El análisis es el primer paso hacia el desarrollo de una estrategia efectiva, y su relevancia no debe subestimarse.

En la segunda mitad de este capítulo, exploraremos en mayor detalle cómo llevar a cabo un análisis efectivo, las mejores prácticas para maximizar su impacto y cómo utilizar los hallazgos del análisis en la toma de decisiones estratégicas. Continuaremos nuestro viaje en el mundo del análisis empresarial, donde descubrirás cómo esta poderosa herramienta puede impulsar el éxito de los empresarios exitosos. Ahora, una vez que hemos comprendido la importancia fundamental del análisis empresarial, es hora de explorar cómo llevar a cabo este proceso de manera efectiva. A continuación, examinaremos las mejores prácticas para maximizar el impacto del análisis y cómo utilizar sus hallazgos en la toma de decisiones estratégicas.

Para llevar a cabo un análisis efectivo, es esencial comenzar por definir claramente los objetivos y el alcance del estudio. Esto nos permitirá enfocar nuestros esfuerzos en las áreas más relevantes y obtener resultados más precisos. Además, debemos asegurarnos de contar con la información necesaria y confiable para llevar a cabo el análisis. Esto implica recopilar datos internos y externos, tales como informes financieros, estudios de mercado, análisis de la competencia y tendencias sectoriales.

Una vez que hemos recopilado los datos relevantes, es importante realizar un análisis exhaustivo y riguroso. Esto implica utilizar herramientas y técnicas adecuadas para interpretar los datos y obtener conclusiones significativas. Algunas de estas herramientas incluyen el análisis DAFO (Debilidades, Amenazas, Fortalezas y Oportunidades), el análisis de factores clave de éxito y el análisis de tendencias.

Durante el análisis, es fundamental mantener una mentalidad abierta y estar dispuestos a cuestionar las suposiciones previas. Esto nos permitirá descubrir nuevas ideas y perspectivas que podrían dar lugar a oportunidades de negocio innovadoras. Además, es importante involucrar a diferentes personas en el proceso de análisis, como expertos en el tema o miembros del equipo con diferentes perspectivas, ya que esto enriquecerá aún más el análisis.

Una vez que hemos completado el análisis, es hora de utilizar sus hallazgos en la toma de decisiones estratégicas. Esto implica evaluar las diferentes opciones y seleccionar aquellas que mejor se alineen con los objetivos de la empresa y maximicen las oportunidades identificadas durante el análisis. Es importante tener en cuenta tanto los aspectos cuantitativos, como los financieros, como los cualitativos, como el impacto en la imagen de la empresa o la satisfacción del cliente.

Además, es crucial establecer un seguimiento y evaluación continuos para medir el impacto de las decisiones tomadas y realizar ajustes si es necesario. Esto nos permitirá aprender de la experiencia y mejorar constantemente nuestras estrategias empresariales.

En resumen, el análisis empresarial es una herramienta poderosa que permite a los empresarios exitosos comprender a fondo la realidad de su empresa y su entorno. Al llevar a cabo un análisis efectivo, podemos identificar obstáculos y oportunidades, tomar decisiones informadas y fundamentadas, y desarrollar estrategias sólidas que nos acerquen al éxito. Utilizando las mejores prácticas para maximizar el impacto del análisis y utilizando sus hallazgos en la toma de decisiones estratégicas, los empresarios pueden impulsar el crecimiento y la rentabilidad de sus empresas.

En el próximo capítulo, exploraremos otros aspectos esenciales para el éxito empresarial, como la planificación estratégica, la gestión del cambio y la innovación. Continuaremos nuestro viaje en el mundo de los empresarios exitosos, donde descubriremos cómo aplicar estas prácticas en el día a día de nuestras empresas. ¡No te lo puedes perder!

Capítulo 3: Herramientas de Análisis

En el mundo empresarial, la toma de decisiones fundamentada y estratégica es crucial para alcanzar el éxito. Los empresarios exitosos comprenden la importancia de analizar las situaciones de manera efectiva, utilizando herramientas y métodos adecuados. En este capítulo, nos adentraremos en la descripción de algunas de estas herramientas clave que pueden marcar la diferencia entre el triunfo y el fracaso.

Una de las herramientas más utilizadas en el análisis empresarial es el análisis FODA (Fortalezas, Oportunidades, Debilidades y Amenazas). Mediante este enfoque, los empresarios pueden evaluar tanto los aspectos internos como externos de su empresa. Identificar las fortalezas y debilidades internas proporciona una visión clara de los recursos y capacidades que se poseen, mientras que explorar las oportunidades y amenazas externas ayuda a comprender el entorno competitivo y las tendencias del mercado. El análisis FODA facilita una visión completa de la situación actual y puede ser una base sólida para futuras estrategias empresariales.

Otra herramienta valiosa es el análisis de las 5 fuerzas de Porter. Este enfoque se centra en evaluar la competencia y la atracción de una industria en particular. Las cinco fuerzas incluyen la rivalidad entre competidores existentes, la amenaza de nuevos participantes en el mercado, el poder de negociación de los proveedores y los clientes, y la amenaza de productos o servicios sustitutos. Al comprender estas dinámicas, los empresarios pueden identificar oportunidades estratégicas y diseñar planes para diferenciarse de la competencia.

El análisis DAFO (Debilidades, Amenazas, Fortalezas y Oportunidades) es otra herramienta efectiva para el análisis empresarial. Similar al análisis FODA, el enfoque DAFO pone énfasis en la identificación de debilidades y amenazas para luego aprovechar las fortalezas y oportunidades. Esta metodología ayuda a los empresarios a tomar decisiones informadas, desarrollar estrategias de crecimiento y minimizar los riesgos potenciales al enfrentar desafíos y cambios en el entorno empresarial.

Además, el análisis PESTEL resulta fundamental para evaluar factores externos que pueden impactar en la empresa. Este análisis implica el examen de los factores políticos, económicos, sociales, tecnológicos, ambientales y legales que pueden afectar el éxito de una organización. Al comprender estos aspectos, los empresarios pueden anticipar cambios y adaptarse rápidamente para aprovechar las oportunidades emergentes o superar amenazas potenciales.

Por último, el análisis de costos y beneficios es una herramienta esencial para evaluar la rentabilidad de una decisión o proyecto empresarial. Al calcular los costos involucrados y compararlos con los beneficios esperados, los empresarios pueden tomar decisiones informadas basadas en la eficiencia y la viabilidad económica. Este análisis ayuda a evitar decisiones impulsivas o poco fundamentadas, garantizando que cada paso se tome de manera estratégica y con miras al éxito a largo plazo.

En resumen, contar con herramientas y métodos efectivos para analizar situaciones es vital para los empresarios exitosos. Desde el análisis FODA hasta el análisis de costos y beneficios, cada herramienta proporciona una perspectiva única para comprender el entorno empresarial y tomar decisiones fundamentadas. En la segunda mitad de este capítulo, exploraremos otras herramientas importantes que complementarán la comprensión y el enfoque analítico de los empresarios exitosos. ¡Prepárese para descubrir nuevas estrategias en su camino hacia el éxito empresarial! En la segunda mitad de este capítulo, continuaremos explorando herramientas de análisis adicionales que pueden ser de gran utilidad para los empresarios exitosos. Estas herramientas permiten una comprensión más profunda de las situaciones empresariales y brindan una base sólida para la toma de decisiones estratégicas.

Una de estas herramientas es el análisis de la cadena de valor, propuesta por Michael Porter. Esta metodología se enfoca en descomponer las actividades de una empresa en diferentes etapas, desde la adquisición de materias primas hasta la entrega del producto final. Al identificar las actividades clave y evaluar su contribución al valor agregado, los empresarios pueden identificar áreas de mejora y optimización de procesos. El análisis de la cadena de valor ayuda a desarrollar una ventaja competitiva sostenible al identificar oportunidades para reducir costos, mejorar la eficiencia y diferenciarse de la competencia.

Otra herramienta valiosa es el análisis de capacidades y recursos. Esta metodología permite a los empresarios evaluar los recursos tangibles e intangibles de su empresa, como la infraestructura, el capital humano, la tecnología y los conocimientos especializados. Al comprender las capacidades y recursos disponibles, los empresarios pueden identificar sus fortalezas distintivas y desarrollar estrategias basadas en ellas. Además, este análisis ayuda a identificar posibles brechas en recursos y capacidades, lo que permite la planificación de acciones para adquirir o desarrollar los recursos necesarios.

El análisis de escenarios es otra herramienta valiosa para los empresarios exitosos. Esta metodología implica la creación de diferentes escenarios futuros y la evaluación de su impacto en la empresa. Al considerar diferentes variables como cambios en la demanda, fluctuaciones económicas u otros factores externos, los empresarios pueden prepararse y desarrollar planes de contingencia. El análisis de escenarios permite una visión más amplia y realista del entorno empresarial, lo que permite a los empresarios tomar decisiones informadas y adoptar estrategias flexibles.

Asimismo, el análisis de benchmarking es una herramienta clave para el éxito empresarial. Esta metodología implica comparar el desempeño y las prácticas de una empresa con otras líderes en su industria. Al analizar los competidores y tomar referencias de mejores prácticas, los empresarios pueden identificar áreas de mejora y desarrollar estrategias para superar a la competencia. El análisis de benchmarking ayuda a los empresarios a identificar oportunidades para innovar, mejorar la productividad y crear ventajas competitivas.

Finalmente, el análisis de riesgos y oportunidades es crucial para los empresarios exitosos. Esta herramienta permite identificar los riesgos potenciales y las oportunidades emergentes en el entorno empresarial. Al evaluar los riesgos, los empresarios pueden tomar medidas para minimizar su impacto y desarrollar planes de contingencia. Por otro lado, al identificar oportunidades, los empresarios pueden aprovecharlas al máximo y buscar ventajas competitivas. El análisis de riesgos y oportunidades ayuda a los empresarios a tomar decisiones equilibradas y a estar preparados para enfrentar los desafíos y aprovechar las oportunidades del mercado.

En conclusión, contar con herramientas de análisis efectivas es fundamental para los empresarios exitosos. Desde el análisis de la cadena de valor hasta el análisis de riesgos y oportunidades, cada herramienta proporciona una perspectiva única para evaluar las situaciones empresariales y tomar decisiones fundamentadas. Al utilizar estas herramientas de manera adecuada, los empresarios pueden obtener una ventaja competitiva, anticipar cambios en el entorno y desarrollar estrategias sólidas. ¡Prepárese para implementar estas herramientas y llevar su empresa al éxito!

Capítulo 4: Identificación de Oportunidades

Cómo detectar oportunidades de ingresos mediante el análisis

En el mundo empresarial, las oportunidades de ingresos están al alcance de aquellos emprendedores y empresarios exitosos que cuentan con la capacidad de identificarlas y aprovecharlas. Poder detectar oportunidades se convierte en una habilidad clave y en una ventaja competitiva en un mercado cada vez más dinámico y cambiante.

El análisis juega un papel fundamental en la identificación de oportunidades. A través de una evaluación sistemática y detallada de diversos factores, es posible descubrir nichos de mercado, necesidades insatisfechas y nuevas tendencias que pueden generar ingresos significativos para nuestra empresa.

Una de las herramientas más efectivas para realizar este análisis es el análisis FODA (Fortalezas, Oportunidades, Debilidades y Amenazas). Al conocer nuestras fortalezas y debilidades internas, podemos detectar oportunidades externas que se alineen con nuestras capacidades. Identificar estas oportunidades nos permitirá aprovechar nuestras fortalezas para capitalizarlas y minimizar las amenazas que puedan surgir en el entorno empresarial.

Otra técnica que podemos utilizar es la observación de los cambios en el mercado. Mantenernos atentos a las tendencias y las nuevas demandas de los consumidores nos brinda la oportunidad de adelantarnos a la competencia y ofrecer productos o servicios innovadores que satisfagan esas necesidades emergentes.

Además, una buena estrategia para detectar oportunidades de ingresos es la colaboración con otros actores del mercado. Establecer alianzas estratégicas con proveedores, distribuidores o incluso competidores nos permite acceder a nuevos mercados, ampliar nuestro alcance y aprovechar sinergias que incrementen nuestras posibilidades de éxito.

El análisis de la competencia también resulta fundamental en la identificación de oportunidades. Al comprender cómo se posicionan otras empresas en el mercado y qué estrategias utilizan, podemos identificar vacíos o áreas que no están siendo satisfechas por la competencia. Estos vacíos pueden convertirse en oportunidades para nuestra empresa, permitiéndonos ofrecer algo diferente o mejor a nuestros clientes potenciales.

No debemos subestimar el poder de la tecnología en la detección de oportunidades de ingresos. El avance tecnológico ha transformado la forma en que las empresas operan y se comunican con sus clientes. El uso de herramientas como el big data, el análisis de métricas y las redes sociales nos brinda una gran cantidad de información valiosa que puede ser utilizada para identificar oportunidades y personalizar nuestras estrategias de negocio.

En este capítulo, hemos explorado diferentes metodologías y enfoques que pueden ayudarnos a identificar oportunidades de ingresos en un mercado altamente competitivo. El análisis FODA, la observación del mercado, la colaboración con otros actores, el análisis de la competencia y el uso de la tecnología son herramientas poderosas que todo empresario exitoso debe dominar.

Sin embargo, nuestra exploración no ha concluido aquí. En la segunda parte de este capítulo, profundizaremos en cómo evaluar y seleccionar las oportunidades identificadas, así como en cómo desarrollar estrategias efectivas para capitalizarlas. ¡No te lo pierdas!

Identificación de Oportunidades

En la primera parte de este capítulo, exploramos diversas metodologías y estrategias para identificar oportunidades de ingresos en un mercado competitivo. Ahora, en la segunda mitad, nos adentraremos en cómo evaluar y seleccionar las oportunidades identificadas, así como desarrollar estrategias efectivas para capitalizarlas.

Una vez que hemos identificado posibles oportunidades de ingresos, es esencial evaluar su viabilidad y potencial. Para ello, es fundamental analizar factores como la demanda del mercado, el costo de entrada, la competencia existente y la rentabilidad esperada. Debemos preguntarnos si la oportunidad se alinea con nuestros recursos, capacidades y objetivos empresariales.

La evaluación también implica analizar riesgos potenciales. Toda oportunidad conlleva un cierto grado de incertidumbre y riesgo, por lo que es importante considerar los posibles obstáculos y desafíos que podrían surgir en el camino. Esto nos permitirá tomar decisiones informadas y minimizar los riesgos asociados con cada oportunidad identificada.

Una vez que hemos evaluado y seleccionado las oportunidades más prometedoras, es el momento de desarrollar estrategias efectivas para capitalizarlas. Esto implica diseñar un plan de acción que incluya los pasos necesarios para aprovechar al máximo la oportunidad identificada.

Una estrategia clave es la de diferenciación. Identificar cómo podemos hacer que nuestra oferta se destaque de la competencia nos permitirá captar la atención de los clientes y generar un valor único. Ya sea a través de características únicas, un servicio excepcional al cliente o una propuesta de valor diferenciada, la diferenciación nos ayudará a destacar en el mercado.

Además, es importante desarrollar estrategias de marketing efectivas para comunicar nuestras ventajas competitivas y llegar a nuestro público objetivo. Esto implica identificar los canales de comunicación más adecuados, crear mensajes claros y persuasivos, y utilizar herramientas de análisis de mercado para comprender mejor a nuestros clientes y adaptar nuestras estrategias de acuerdo con sus necesidades y preferencias.

La innovación también es clave para aprovechar al máximo las oportunidades de ingresos. Debemos estar siempre atentos a las tendencias del mercado y a las demandas emergentes de los consumidores, buscando constantemente formas de mejorar nuestros productos o servicios para adaptarnos a esos cambios. La innovación nos permitirá mantenernos relevantes y competitivos en un entorno empresarial en constante evolución.

Finalmente, no debemos olvidar la importancia de la mejora continua. Una vez que hemos implementado nuestras estrategias, debemos monitorear y evaluar constantemente los resultados para identificar áreas de mejora y oportunidades adicionales. La adaptabilidad y la capacidad de ajustar nuestras estrategias según los cambios en el entorno empresarial son fundamentales para asegurar nuestro éxito a largo plazo.

En resumen, en este capítulo hemos explorado diferentes metodologías y enfoques para identificar oportunidades de ingresos. Sin embargo, la identificación de oportunidades por sí sola no es suficiente. Es crucial evaluar y seleccionar cuidadosamente las oportunidades identificadas, así como desarrollar estrategias efectivas para capitalizarlas. La diferenciación, el marketing, la innovación y la mejora continua son elementos clave en este proceso. Como empresarios exitosos, debemos estar atentos a las oportunidades que se presentan y tener la visión y la habilidad necesarias para convertirlas en un éxito empresarial.

Capítulo 5: Creatividad en la Resolución

La capacidad de resolver problemas creativamente es esencial para los empresarios exitosos. En un mundo empresarial en constante cambio y desafío, la creatividad se convierte en una herramienta valiosa para encontrar soluciones innovadoras. En este capítulo, exploraremos estrategias efectivas para emplear la creatividad en el proceso de resolución de problemas.

La primera estrategia clave es adoptar una mentalidad abierta y flexible. Los empresarios exitosos comprenden que no existe una única respuesta correcta cuando se trata de resolver problemas difíciles. Al mantener una mentalidad abierta, están dispuestos a considerar diferentes perspectivas, ideas y enfoques. Esta actitud proporciona un espacio para la creatividad y permite el surgimiento de soluciones fuera de lo común.

La próxima estrategia es el uso de técnicas de pensamiento lateral. El pensamiento lateral implica romper patrones y desafiar las suposiciones convencionales para llegar a ideas innovadoras. Una técnica popular utilizada en el pensamiento lateral es el juego de roles, donde los empresarios se ponen en el lugar de otras personas o incluso de objetos para generar ideas fuera de lo común. Esta técnica despierta la imaginación y fomenta la creatividad en la resolución de problemas.

Otra estrategia efectiva es la generación de ideas mediante la tormenta de ideas. Este enfoque permite que múltiples personas aporten ideas sin restricciones ni juicios prematuros. La tormenta de ideas fomenta un ambiente libre y creativo, donde las ideas más inusuales pueden dar lugar a soluciones innovadoras. Los empresarios exitosos valoran la diversidad de perspectivas en estas sesiones y se aseguran de que todos los miembros de su equipo se sientan seguros para compartir sus ideas.

Del mismo modo, la exploración de nuevas perspectivas y entornos es otra estrategia prometedora. Los empresarios exitosos entienden que la creatividad surge cuando se exponen a nuevas ideas y escenarios. Asistir a conferencias, cursos y talleres, leer diferentes libros y artículos, o incluso participar en actividades no relacionadas con su campo de trabajo, puede estimular la mente y proporcionar nuevas perspectivas que pueden conducir a soluciones únicas.

Finalmente, la colaboración creativa se destaca como una estrategia clave para la resolución de problemas. Los empresarios exitosos comprenden la importancia de trabajar en equipo y aprovechar el talento y las habilidades de cada miembro. Al colaborar y compartir ideas, se pueden generar soluciones creativas que podrían no haber surgido individualmente. La colaboración creativa también fomenta un ambiente de apoyo y confianza, donde los miembros del equipo se sienten motivados y empoderados para contribuir con sus ideas.

En resumen, la creatividad desempeña un papel fundamental en la resolución de problemas para los empresarios exitosos. Adoptar una mentalidad abierta y flexible, utilizar técnicas de pensamiento lateral, realizar sesiones de tormenta de ideas, explorar nuevas perspectivas y entornos, y fomentar la colaboración creativa son estrategias efectivas para encontrar soluciones innovadoras. Ahora, sigamos explorando formas aún más emocionantes de aplicar la creatividad en la resolución de problemas empresariales. La creatividad en la resolución de problemas empresariales puede ser abordada desde distintos enfoques y estrategias, y en esta segunda mitad del capítulo seguiremos explorando métodos adicionales para fomentar la creatividad en el proceso de resolución de problemas.

Una estrategia efectiva es la aplicación de la técnica del pensamiento divergente. En contraposición al pensamiento convergente, que busca encontrar una única solución correcta, el pensamiento divergente se basa en la generación de múltiples respuestas posibles y la exploración de diversas perspectivas. Los empresarios exitosos utilizan esta técnica para ampliar su visión y considerar diferentes enfoques para abordar un problema. Esto les permite identificar ideas poco convencionales que podrían conducir a soluciones innovadoras.

Asimismo, el uso de la visualización creativa puede ser una herramienta poderosa en la resolución de problemas empresariales. La visualización implica imaginar el resultado deseado y luego trabajar en reversa para identificar los pasos necesarios para alcanzarlo. Los empresarios exitosos utilizan esta técnica para estimular su creatividad y encontrar nuevas formas de enfrentar los desafíos. Al visualizar el resultado final, pueden identificar soluciones únicas y creativas que podrían no haber surgido de manera tradicional.

Otra estrategia valiosa es el fomento de un ambiente creativo en el lugar de trabajo. Los empresarios exitosos comprenden que la creatividad prospera cuando se les brinda a los empleados un entorno en el que se sientan seguros para expresar sus ideas y opiniones. Promover una cultura de innovación y fomentar la colaboración entre los miembros del equipo son acciones clave para estimular la creatividad en la resolución de problemas. Además, los empresarios exitosos buscan constantemente formas de reconocer y recompensar la creatividad de sus empleados, ya sea a través de incentivos o reconocimientos públicos.

La capacidad de adaptación también juega un papel fundamental en la resolución creativa de problemas empresariales. Los empresarios exitosos comprenden que el proceso de resolución de problemas puede requerir ajustes a medida que se obtiene nueva información o surgen desafíos imprevistos. Mantener una mente abierta y estar dispuesto a adaptarse y cambiar de enfoque cuando sea necesario es esencial para encontrar soluciones efectivas y creativas.

En conclusión, la creatividad en la resolución de problemas empresariales es un componente clave para el éxito de los emprendedores. La adopción de estrategias como el pensamiento divergente, la visualización creativa, el fomento de un ambiente de trabajo creativo y la capacidad de adaptación son fundamentales para generar soluciones innovadoras. Los empresarios exitosos comprenden la importancia de nutrir y aplicar la creatividad en todas las etapas de su negocio, ya que es a través de la creatividad que se abren puertas hacia el éxito y la excelencia empresarial. Continuemos explorando el fascinante mundo de la creatividad en la resolución de problemas empresariales y sus aplicaciones prácticas en el siguiente capítulo.

Capítulo 6: Selección de la mejor solución

En el mundo empresarial, la toma de decisiones es una habilidad fundamental para alcanzar el éxito. Sin embargo, en ocasiones nos encontramos frente a diferentes alternativas y elegir la mejor solución puede resultar todo un desafío. En este capítulo, exploraremos métodos efectivos para evaluar y seleccionar la opción más adecuada entre varias alternativas. La importancia de esta habilidad radica en que una elección bien fundamentada puede marcar la diferencia entre el fracaso y el éxito de un empresario.

Una de las primeras etapas en este proceso es identificar claramente el problema que se busca resolver. Antes de evaluar las distintas soluciones, es fundamental tener una comprensión clara y precisa de la situación que enfrentamos. El empresario exitoso debe ser capaz de definir de manera concisa cuál es el desafío o la oportunidad que se presenta, para así poder enfocar sus esfuerzos en encontrar la mejor solución.

Una vez identificado el problema, es momento de generar opciones. La mente creativa y abierta del empresario debe explorar diferentes alternativas y considerar distintas perspectivas. Es importante no limitarse a las ideas iniciales, sino buscar nuevas formas de abordar la situación. La diversidad de opciones permite tener un panorama más completo y aumenta las posibilidades de encontrar la solución óptima.

Sin embargo, no todas las opciones serán igualmente viables. En este punto, es necesario evaluar cada alternativa en función de criterios objetivos. Cada opción debe ser analizada cuidadosamente, considerando factores como la viabilidad económica, los recursos necesarios, el impacto a largo plazo y la compatibilidad con la estrategia empresarial. Este análisis riguroso permitirá descartar las opciones menos favorables y concentrar los esfuerzos en las más prometedoras.

Además, es importante considerar las posibles implicaciones de las alternativas a nivel ético y social. El empresario debe evaluar si la solución propuesta responde a los valores y principios fundamentales de su empresa. Asimismo, debe tener en cuenta el impacto que tendrá en la comunidad y en el medio ambiente. Asegurarse de que la elección sea ética y sostenible es esencial para construir una imagen sólida y mantener la confianza de los diferentes actores involucrados.

Una vez realizada la evaluación, es momento de seleccionar la opción más adecuada. Es recomendable involucrar a diferentes personas clave en este proceso para obtener diferentes perspectivas y opiniones. La diversidad de pensamiento puede enriquecer la toma de decisiones y reducir la posibilidad de sesgos individuales.

En resumen, la selección de la mejor solución entre varias opciones requiere un análisis exhaustivo y objetivo. Identificar claramente el problema, generar múltiples opciones, evaluar cada alternativa en función de criterios preestablecidos y considerar las implicaciones éticas y sociales, son pasos esenciales en este proceso. La toma de decisiones informada y estratégica es una habilidad clave para los empresarios exitosos. En la segunda parte de este capítulo, exploraremos estrategias específicas para confirmar la selección y llevarla a la acción. Además de evaluar y seleccionar la mejor solución, los empresarios exitosos deben asegurarse de que la opción elegida se implemente de manera efectiva. En esta segunda parte del capítulo, exploraremos estrategias específicas para confirmar la selección y llevarla a la acción.

Una vez que se ha tomado la decisión, es importante establecer un plan detallado para implementar la opción seleccionada. Esto incluye establecer metas y objetivos claros, asignar responsabilidades a las personas adecuadas y definir un cronograma para seguir. Un plan bien estructurado garantiza que todas las etapas necesarias se lleven a cabo de manera efectiva y se minimicen los riesgos.

Además, es fundamental comunicar la decisión a todas las partes involucradas. Esto implica informar a los miembros del equipo, socios comerciales y otros actores relevantes sobre la solución seleccionada y los pasos que se tomarán para implementarla. La comunicación transparente y efectiva es esencial para mantener a todos en la misma página y obtener su apoyo en el proceso de implementación.

Una estrategia efectiva para llevar a cabo la implementación de la solución es dividir el plan en etapas y asignar tareas y responsabilidades específicas a los miembros del equipo. Esto permite un seguimiento claro de los avances y facilita la supervisión y el control del proceso. Además, es importante establecer mecanismos de retroalimentación y revisión periódica para evaluar el progreso y realizar ajustes según sea necesario.

Durante el proceso de implementación, es esencial mantener una mentalidad abierta y estar dispuesto a hacer ajustes si es necesario. Es posible que surjan obstáculos o desafíos inesperados, y los empresarios exitosos deben estar preparados para tomar decisiones rápidas y efectivas para superarlos. La flexibilidad y la capacidad de adaptación son clave en este sentido.

Asimismo, es importante monitorear y medir los resultados de la implementación de la solución. El análisis de datos y el seguimiento de indicadores clave permiten evaluar si la opción seleccionada está logrando los resultados esperados y si se requieren ajustes adicionales. La retroalimentación continua y la capacidad de respuesta son esenciales para maximizar los beneficios de la solución elegida.

Finalmente, es fundamental celebrar los éxitos y reconocer los logros obtenidos a lo largo del proceso de implementación. Esto no solo motiva a los miembros del equipo, sino que también refuerza la confianza en la toma de decisiones y la estrategia adoptada. Reconocer los esfuerzos y los resultados positivos contribuye a mantener la motivación y el compromiso para futuros desafíos empresariales.

En conclusión, la implementación efectiva de la solución seleccionada es clave para alcanzar el éxito empresarial. Un plan detallado, una comunicación transparente y una asignación clara de tareas y responsabilidades son elementos esenciales en este proceso. La flexibilidad, el monitoreo constante y la capacidad de respuesta permiten realizar ajustes según sea necesario. Celebra los éxitos y reconoce los logros obtenidos para mantener la motivación y el compromiso del equipo. En el próximo capítulo, exploraremos estrategias para evaluar y mejorar la efectividad de la implementación de soluciones empresariales.

Capítulo 7: Planificación de la Ejecución

En el mundo empresarial, la planificación de la ejecución es esencial para alcanzar el éxito. Una vez que se ha identificado la solución adecuada, es crucial establecer una estrategia sólida que permita llevar a cabo los planes de manera eficiente y efectiva.

El primer paso en la planificación de la ejecución consiste en definir claramente los objetivos y metas a alcanzar. Es importante tener en cuenta que estos deben estar alineados con la visión de la empresa y ser específicos, medibles, alcanzables, realistas y oportunos. Establecer metas claras facilitará el seguimiento y evaluación de los resultados obtenidos.

A continuación, es fundamental estructurar un cronograma detallado que permita asignar recursos, establecer plazos y distribuir responsabilidades. Esto garantizará que cada tarea sea asignada a la persona adecuada y en el momento preciso, evitando retrasos o confusiones que puedan afectar la ejecución del plan. Además, contar con un calendario de actividades permitirá tener una visión clara del progreso y ajustar la planificación si es necesario.

La comunicación efectiva es otro aspecto crucial en la planificación de la ejecución. Es fundamental establecer canales de comunicación claros y abiertos, tanto dentro de la empresa como con los involucrados externos, para asegurar que todos estén al tanto de los avances y desafíos que puedan surgir. La transparencia y la retroalimentación constante fomentarán el compromiso y la colaboración entre los miembros del equipo.

Además, es fundamental considerar los posibles obstáculos y riesgos que puedan surgir durante la ejecución del plan. Identificar anticipadamente estos desafíos permitirá diseñar estrategias de contingencia y planear soluciones alternativas. Es importante estar preparado para enfrentar cualquier contratiempo y minimizar su impacto en el proceso.

La asignación adecuada de recursos también es un factor clave en la planificación de la ejecución. Es indispensable contar con los recursos financieros, tecnológicos, humanos y materiales necesarios para llevar a cabo cada etapa del plan. Esto incluye tener en cuenta el presupuesto disponible, la disponibilidad de personal capacitado y la adquisición de herramientas o tecnología requerida.

Finalmente, es crucial establecer indicadores de seguimiento y evaluación que permitan medir el progreso y los resultados obtenidos. Estos indicadores pueden estar relacionados con aspectos cuantitativos, como el incremento en las ventas o la reducción de costos, o con aspectos cualitativos, como la satisfacción del cliente o la mejora en la productividad. La medición constante de estos indicadores brindará información valiosa para evaluar la efectividad de las acciones implementadas y realizar ajustes si es necesario.

En conclusión, la planificación de la ejecución es una etapa fundamental en el camino hacia el éxito empresarial. Definir objetivos claros, estructurar un cronograma detallado, establecer canales de comunicación, anticipar obstáculos, asignar recursos adecuados y establecer indicadores de seguimiento son pasos clave para garantizar la ejecución exitosa de la solución elegida. En la segunda parte de este capítulo exploraremos dos aspectos clave para asegurar el éxito: la motivación del equipo y el monitoreo constante de los resultados. La motivación del equipo es un factor fundamental para garantizar la ejecución exitosa de cualquier plan o solución empresarial. Un equipo motivado y comprometido será capaz de superar los obstáculos y desafíos que puedan surgir durante la ejecución, enfocándose en alcanzar los objetivos establecidos.

Para lograr una motivación efectiva, es importante reconocer y recompensar los logros individuales o colectivos. El reconocimiento puede adoptar diferentes formas, como el elogio público, la asignación de proyectos especiales o el otorgamiento de incentivos monetarios. Recompensar el esfuerzo y el buen desempeño fortalecerá el compromiso de los miembros del equipo y les dará un sentido de propósito y satisfacción personal.

Además del reconocimiento, es esencial fomentar un ambiente de trabajo positivo y colaborativo. Esto implica promover el trabajo en equipo, la comunicación abierta y el intercambio de ideas. La participación activa de todos los miembros del equipo generará un sentimiento de pertenencia y empoderamiento, lo cual se traducirá en un mayor compromiso y dedicación hacia la ejecución del plan.

Otra estrategia para motivar al equipo es establecer metas alcanzables pero desafiantes. El progreso y el éxito en la consecución de estas metas incrementará la confianza y la motivación de los miembros del equipo, animándolos a seguir trabajando arduamente para alcanzar objetivos aún más ambiciosos. Asimismo, es importante establecer metas individuales y colectivas, de manera que cada miembro del equipo pueda visualizar su contribución al logro general.

Por otro lado, el monitoreo constante de los resultados es esencial para evaluar el progreso y realizar ajustes si es necesario. Establecer indicadores de seguimiento y evaluación permitirá identificar rápidamente cualquier desviación o problema, brindando la oportunidad de implementar acciones correctivas de manera oportuna. Es importante que estos indicadores sean medibles y específicos, de modo que se puedan obtener datos precisos y comparables para evaluar el desempeño del equipo.

Asimismo, el monitoreo constante contribuye a mantener la transparencia y la rendición de cuentas dentro del equipo. Al mantener a todos los miembros informados sobre los avances y los desafíos, se logra una mayor colaboración y un enfoque conjunto hacia la resolución de problemas. Además, el monitoreo continuo permite realizar ajustes a medida que cambian las circunstancias o surgen nuevos desafíos, garantizando la adaptabilidad y flexibilidad del plan de ejecución.

En resumen, la motivación del equipo y el monitoreo constante son dos aspectos cruciales para asegurar una ejecución exitosa de la solución elegida. Fomentar un ambiente de trabajo positivo, establecer metas desafiantes, reconocer los logros individuales y colectivos, y realizar un seguimiento continuo de los resultados son estrategias clave para mantener a todos los miembros del equipo comprometidos y enfocados en la consecución de los objetivos. En la segunda mitad de este capítulo, exploraremos otros aspectos importantes para empresarios exitosos, como el aprendizaje continuo y la adaptabilidad en un entorno empresarial en constante cambio.

Capítulo 8: Superación del Miedo al Fracaso

Consejos para vencer el miedo al fracaso y tomar acción.

El miedo al fracaso es una emoción paralizante que afecta a empresarios de todo tipo y tamaño. A medida que nos adentramos en el mundo de los negocios, es inevitable enfrentarnos a una serie de desafíos y obstáculos que nos ponen a prueba. El miedo al fracaso puede convertirse en una barrera que impide nuestro crecimiento y nos limita de alcanzar nuestro máximo potencial.

Sin embargo, es importante reconocer que el miedo al fracaso no define quiénes somos como empresarios. Es solo una fase transitoria en nuestro camino hacia el éxito. A continuación, compartiremos algunos consejos efectivos que te ayudarán a superar el miedo al fracaso y tomar acción:

1. Visualiza el fracaso como aprendizaje: En lugar de ver el fracaso como una derrota, cámbiale el enfoque y concéntrese en las lecciones que puedes extraer de él. Cada error cometido es una oportunidad para aprender algo nuevo y mejorar en el futuro. Recuerda que incluso los empresarios más exitosos han enfrentado fracasos en su camino hacia el éxito.

2. Visualiza el éxito: Desarrolla una mentalidad positiva y visualiza los logros que deseas alcanzar. Imagina cómo sería tu vida si superaras todos los obstáculos y alcanzaras tus metas empresariales. Visualizar el éxito te ayudará a mantenerte motivado y a superar el miedo al fracaso.

3. Establece metas realistas: Fija metas alcanzables y específicas para evitar sentirte abrumado por la posibilidad de fracasar. Divide grandes objetivos en tareas más pequeñas y abordables. De esta manera, podrás medir tu progreso y celebrar tus logros a lo largo del camino.

4. Aprende de otros empresarios exitosos: Estudia las historias de otros empresarios que han superado el miedo al fracaso y han logrado el éxito. Busca inspiración en sus experiencias y consejos. Identifica las estrategias que utilizaron para superar los obstáculos y aplícalas a tu propia situación.

5. Busca el apoyo de un mentor: Contar con la guía y el apoyo de alguien con experiencia en el mundo empresarial puede marcar la diferencia en tu capacidad para superar el miedo al fracaso. Un mentor podrá brindarte consejos prácticos, compartir sus propias experiencias y ayudarte a mantener una perspectiva equilibrada en momentos difíciles.

6. Toma acción y acepta el riesgo: No permitas que el miedo al fracaso te paralice. Acepta que tomar riesgos es parte del camino hacia el éxito empresarial. Evalúa los diferentes escenarios, toma decisiones informadas y actúa con determinación. Recuerda que no hacer nada por temor al fracaso es peor que intentar y no alcanzar el resultado esperado.

Estos consejos te brindarán una base sólida para superar el miedo al fracaso y tomar acción hacia tus metas empresariales. Recuerda que el éxito no se logra de la noche a la mañana, sino que es el resultado de un esfuerzo continuo y una mentalidad perseverante. En la segunda parte de este capítulo, exploraremos estrategias adicionales para fortalecer tu confianza y enfrentar el miedo al fracaso de manera aún más efectiva. ¡Sigue leyendo y descubre cómo convertirte en un empresario exitoso que no teme al fracaso!

En la primera mitad de este capítulo, discutimos varios consejos para superar el miedo al fracaso y tomar acción hacia nuestras metas empresariales. Reconocimos que el miedo al fracaso es una emoción paralizante que puede limitar nuestro crecimiento y nos impide alcanzar nuestro máximo potencial. Sin embargo, también destacamos que el fracaso no define quiénes somos como empresarios y que cada error cometido nos brinda la oportunidad de aprender y mejorar.

Ahora, en la segunda mitad de este capítulo, exploraremos estrategias adicionales para fortalecer nuestra confianza y enfrentar el miedo al fracaso de manera aún más efectiva.

7. Desarrolla una red de apoyo: Contar con una red de personas de confianza que compartan nuestra visión empresarial puede ser invaluable para superar el miedo al fracaso. Busca personas que te inspiren, te motiven y te brinden apoyo emocional y estratégico. Pueden ser colegas, amigos, familiares o incluso otros empresarios exitosos que estén dispuestos a compartir sus conocimientos y experiencias contigo.

8. Practica el autocuidado: El miedo al fracaso puede ser estresante y agotador, por lo que es importante cuidar de nuestra salud y bienestar. Establece rutinas diarias que te ayuden a mantenerte en un estado físico y mental óptimo. Esto puede incluir actividades como hacer ejercicio, descansar lo suficiente, alimentarte de manera saludable y dedicar tiempo a actividades relajantes que te ayuden a despejar la mente.

9. Aprende a manejar la incertidumbre: El miedo al fracaso a menudo está relacionado con la incertidumbre sobre el futuro. Aprende a manejar esta incertidumbre centrándote en el presente y en las acciones que puedes tomar ahora mismo para avanzar hacia tus metas. Concéntrate en lo que está bajo tu control y sé flexible para adaptarte a los cambios que puedan surgir en el camino.

10. Celebra tus éxitos: A medida que te enfrentas al miedo al fracaso y logras superarlo, no olvides celebrar tus éxitos, por pequeños que sean. Reconoce tus logros y date el crédito que te mereces. Celebrar tus éxitos te ayudará a mantener la motivación y la confianza en ti mismo a medida que avanzas hacia nuevas metas y enfrentas nuevos desafíos.

11. Acepta que el fracaso es parte del proceso: Todos enfrentamos fracasos en algún momento de nuestras vidas empresariales. Acepta que el fracaso es parte del proceso de aprendizaje y crecimiento. No te desanimes por los contratiempos, sino que utilízalos como oportunidades para ajustar tu enfoque y mejorar en el futuro.

12. Mantén una mentalidad de crecimiento: Cultiva una mentalidad de crecimiento en la que veas los desafíos y el fracaso como oportunidades para aprender y crecer. Cree en tu capacidad para superar cualquier obstáculo y no te des por vencido fácilmente. Recuerda que el viaje hacia el éxito empresarial es un proceso continuo de aprendizaje y mejoramiento constante.

Al implementar estos consejos adicionales, estarás fortaleciendo tu confianza y enfrentando el miedo al fracaso de manera aún más efectiva. Recuerda que no hay una fórmula mágica para el éxito empresarial, pero con determinación, perseverancia y el compromiso de superar el miedo al fracaso, estarás en el camino correcto hacia el logro de tus metas empresariales. Continúa enfocándote en tu crecimiento personal y profesional, y no dudes en buscar el apoyo de otros empresarios exitosos en tu camino hacia el éxito. ¡No dejes que el miedo al fracaso te detenga, empresario!

Capítulo 9: Acción Inmediata

Importancia de la acción inmediata en la ejecución de la solución.

En el mundo empresarial, la capacidad de actuar rápidamente frente a los desafíos y problemas es fundamental para lograr el éxito. Los empresarios exitosos comprenden que la acción inmediata es un factor determinante en la ejecución de soluciones efectivas. En este capítulo, exploraremos la importancia de tomar medidas rápidas y decididas para resolver los obstáculos que se presentan en el camino hacia el logro de nuestros objetivos.

Cuando nos enfrentamos a una situación problemática en nuestros negocios, es común que tendamos a analizar y reflexionar sobre posibles soluciones durante un período prolongado de tiempo. Si bien la necesidad de evaluar cuidadosamente nuestras opciones es comprensible, no debemos caer en la trampa de la inacción prolongada. La demora en la toma de decisiones puede llevar a oportunidades perdidas y agravar aún más los problemas existentes.

La acción inmediata nos permite responder de manera proactiva a los desafíos que se nos presentan. Al tomar medidas rápidas, nos posicionamos en ventaja frente a nuestros competidores, ya que podemos captar oportunidades de mercado antes que ellos. Además, la acción inmediata nos permite obtener resultados más rápidos y tangibles, generando así un impulso positivo en nuestro negocio.

Una de las claves para lograr una acción inmediata efectiva es contar con una mentalidad orientada hacia la solución. En lugar de enfocarnos en los obstáculos y dificultades, debemos buscar activamente las oportunidades que se esconden detrás de ellos. Esto requiere un cambio de perspectiva, donde dejamos de ver los desafíos como barreras infranqueables y los consideramos como posibles puntos de inflexión hacia el éxito.

Es importante tener en cuenta que la acción inmediata no implica tomar decisiones precipitadas o sin un análisis previo. Por el contrario, se trata de evaluar rápidamente la situación y actuar con determinación en base a nuestros conocimientos y experiencia. La información y el análisis son fundamentales para una acción efectiva, pero no podemos permitirnos quedar atrapados en un ciclo interminable de análisis sin llegar a la acción.

La acción inmediata también nos ayuda a generar confianza y credibilidad tanto en nuestro equipo como en nuestros clientes. Cuando nuestros colaboradores ven que somos capaces de abordar rápidamente los problemas y encontrar soluciones eficientes, aumenta su confianza en nuestra capacidad de liderazgo. Del mismo modo, los clientes valoran la eficacia y proactividad en la resolución de sus necesidades.

En conclusión, la acción inmediata es un componente esencial en la ejecución de soluciones efectivas. Los empresarios exitosos entienden que la rapidez y la determinación son factores decisivos para superar los desafíos y alcanzar el éxito en el mundo empresarial. La acción inmediata nos permite captar oportunidades, obtener resultados más rápidos y generar confianza en nuestro equipo y clientes. En el próximo capítulo, exploraremos cómo fortalecer nuestra capacidad para actuar con prontitud y convertir la acción inmediata en un hábito arraigado en nuestra mentalidad empresarial. ¡No te lo pierdas!

En la segunda mitad de este capítulo, continuaremos explorando cómo podemos fortalecer nuestra capacidad para actuar con prontitud y convertir la acción inmediata en un hábito arraigado en nuestra mentalidad empresarial.

Para lograr una acción inmediata efectiva, es fundamental contar con un plan de acción claro y definido. Un plan bien estructurado nos permitirá tomar decisiones rápidas y seguras cuando nos enfrentemos a desafíos y obstáculos en nuestro camino hacia el éxito empresarial. Al tener un plan establecido, evitaremos caer en la indecisión y la falta de acción.

Además, es importante rodearnos de un equipo comprometido y capacitado que comparta nuestra mentalidad orientada hacia la acción. Un equipo fuerte y cohesionado nos proporcionará el apoyo necesario para enfrentar cualquier problema de manera rápida y efectiva. Debemos fomentar una cultura empresarial que promueva la toma de decisiones ágil y la búsqueda constante de soluciones.

Asimismo, la comunicación clara y efectiva dentro de nuestra organización es fundamental para facilitar la acción inmediata. Si nuestros colaboradores no comprenden cuáles son los objetivos y las metas a alcanzar, será difícil que actúen de manera rápida y decisiva. Debemos asegurarnos de comunicar de manera efectiva nuestras expectativas y mantener un flujo constante de comunicación para garantizar que todos estén alineados y enfocados en la ejecución rápida.

No debemos subestimar el poder de la automatización y la tecnología en nuestro enfoque de acción inmediata. Utilizar herramientas y sistemas eficientes nos permitirá realizar tareas de manera más rápida y eficaz, liberando así tiempo y recursos para abordar desafíos más importantes. Debemos estar abiertos a adoptar nuevas tecnologías y procesos que nos ayuden a optimizar nuestra operación y a responder rápidamente a las demandas del mercado.

Por otro lado, es importante aprender de nuestras experiencias pasadas y desarrollar un enfoque de mejora continua. No siempre tomaremos las decisiones correctas ni obtendremos los resultados esperados de inmediato, pero es crucial aprender de estos errores y ajustar nuestro enfoque en consecuencia. La acción inmediata no se trata solo de tomar medidas rápidas, sino también de aprender y mejorar constantemente nuestros procesos y estrategias.

Finalmente, debemos mantenernos enfocados en nuestros objetivos a largo plazo y no dejarnos desviar por obstáculos y distracciones a corto plazo. La acción inmediata significa tomar decisiones basadas en nuestro rumbo estratégico y no dejarnos paralizar por el miedo al fracaso o la indecisión. Mantener la visión clara y actuar con determinación nos ayudará a superar cualquier obstáculo en nuestro camino hacia el éxito.

En resumen, la acción inmediata es clave para resolver los desafíos empresariales y alcanzar el éxito. Para fortalecer nuestra capacidad de actuar con prontitud, debemos contar con un plan de acción claro, rodearnos de un equipo comprometido, fomentar la comunicación efectiva, aprovechar la tecnología, aprender de nuestras experiencias y mantenernos enfocados en nuestros objetivos a largo plazo.

¡Continúa leyendo para descubrir más estrategias de la Estrategia A. R. E. para Empresarios Exitosos en los próximos capítulos!

Capítulo 10: Seguimiento y Ajuste

Cómo hacer un seguimiento de los resultados y ajustar el plan según sea necesario.

El seguimiento y el ajuste son dos componentes esenciales de cualquier estrategia exitosa para los empresarios. Después de establecer un plan sólido, es fundamental realizar un seguimiento de los resultados para evaluar su efectividad y, si es necesario, hacer los ajustes pertinentes. En este capítulo, exploraremos las mejores prácticas para llevar a cabo un seguimiento efectivo y cómo realizar ajustes estratégicos según las necesidades cambiantes del entorno empresarial.

El primer paso para un seguimiento efectivo es establecer métricas claras y específicas para evaluar el progreso. Establecer objetivos medibles proporciona una base sólida para evaluar los resultados y determinar si se están alcanzando los hitos establecidos. Las métricas pueden incluir indicadores clave de rendimiento (KPI) como el crecimiento de los ingresos, el retorno de la inversión (ROI), la satisfacción del cliente y la eficiencia operativa. Estas métricas varían según la industria y los objetivos establecidos, por lo que es importante identificar las más relevantes para su negocio.

Una vez establecidas las métricas, es crucial recopilar datos precisos y consistentes para evaluar el rendimiento. Esto implica el uso de herramientas de seguimiento y análisis que pueden brindar información en tiempo real sobre el desempeño de su negocio. Estas herramientas pueden incluir software de gestión de proyectos, análisis de datos y sistemas de seguimiento de ventas, entre otros. Al recopilar datos precisos, podrá tener una visión clara y objetiva del progreso de su negocio y cómo se alinea con sus objetivos estratégicos.

Con los datos en mano, es hora de analizar y evaluar los resultados. Esto implica identificar los puntos fuertes y debilidades de su estrategia actual, así como las oportunidades y amenazas que pueden influir en su desempeño futuro. Un análisis exhaustivo le permitirá tener una perspectiva integral del estado de su negocio y brindará la base para realizar los ajustes necesarios.

Los ajustes estratégicos son esenciales para mantener la relevancia y competitividad en un entorno empresarial en constante cambio. Esto implica adaptar su plan inicial según los cambios en el mercado, la competencia, la tecnología y las necesidades del cliente. Los ajustes pueden implicar cambios en la segmentación del mercado, la propuesta de valor, la estrategia de precios y la asignación de recursos, entre otros aspectos. La capacidad de adaptarse rápidamente a los cambios y realizar ajustes estratégicos es fundamental para garantizar el éxito continuo de su negocio.

En resumen, el seguimiento y el ajuste son aspectos cruciales de cualquier estrategia exitosa para los empresarios. El establecimiento de métricas claras, la recopilación de datos precisos y el análisis exhaustivo de los resultados proporcionan la base para realizar ajustes estratégicos y mantener la competitividad en un entorno empresarial en constante cambio. En la segunda mitad de este capítulo, exploraremos casos de estudio y ejemplos prácticos para ilustrar cómo implementar estos conceptos en su propio negocio. Con los conceptos fundamentales del seguimiento y ajuste establecidos en la primera mitad de este capítulo, es hora de profundizar en casos de estudio y ejemplos prácticos que ilustren cómo implementar estos conceptos en su propio negocio.

Uno de los casos de estudio más relevantes es el de una empresa de tecnología que se especializa en desarrollo de software. Después de implementar un nuevo plan estratégico para expandirse a nuevos mercados, la empresa se dio cuenta de que los resultados esperados no se estaban materializando. A través de un seguimiento cuidadoso de las métricas clave, como el crecimiento de los ingresos y la satisfacción del cliente, identificaron que su estrategia de precios no estaba alineada con las expectativas del mercado objetivo. Con estos datos en mano, la empresa pudo ajustar su estrategia de precios y comenzar a obtener los resultados deseados.

Este caso muestra la importancia de hacer un seguimiento constante de los resultados y estar dispuesto a realizar ajustes estratégicos cuando sea necesario. Sin el seguimiento adecuado, la empresa no habría podido identificar la debilidad en su estrategia de precios y habría continuado perdiendo oportunidades en el nuevo mercado.

Otro ejemplo práctico es el de una empresa de comercio minorista en línea. Después de implementar una estrategia de marketing en redes sociales, la empresa comenzó a experimentar un aumento significativo en la generación de leads y tráfico a su sitio web. Sin embargo, a pesar de este éxito inicial, las conversiones y ventas reales se mantuvieron bajas. A través del seguimiento de métricas como la tasa de conversión y el valor promedio de la transacción, la empresa descubrió que el proceso de compra en su sitio web era complicado y confuso para los clientes. Utilizando estos datos, la empresa realizó ajustes en su plataforma de comercio electrónico para simplificar el proceso de compra y mejorar la experiencia del cliente. Como resultado, las conversiones y las ventas se dispararon, lo que llevó a un crecimiento significativo en los ingresos.

Estos ejemplos ilustran la importancia de la adaptabilidad y la disposición para realizar ajustes estratégicos. Sin un seguimiento cuidadoso de las métricas y análisis de los resultados, estas empresas no habrían podido identificar las áreas problemáticas en sus estrategias y realizar ajustes para optimizar su desempeño.

En conclusión, el seguimiento y el ajuste son componentes esenciales de cualquier estrategia exitosa para los empresarios. A través del establecimiento de métricas claras y la recopilación de datos precisos, los empresarios pueden evaluar el progreso de su negocio y determinar si es necesario realizar ajustes. La capacidad de adaptarse rápidamente a los cambios en el mercado y realizar ajustes estratégicos es fundamental para mantener la competitividad en un entorno empresarial en constante cambio. Continúe leyendo la segunda parte de este capítulo para obtener más ejemplos y consejos prácticos sobre cómo implementar estos conceptos en su propio negocio.

Capítulo 11: Persistencia y Consistencia

La importancia de ser persistente y consistente en la ejecución de la solución.

El éxito en los negocios no se alcanza fácilmente. Requiere dedicación, esfuerzo y, sobre todo, persistencia y consistencia en la ejecución de la solución. Ser empresario implica enfrentarse a numerosos desafíos y obstáculos en el camino hacia el éxito, y son aquellos que perseveran y siguen adelante los que logran alcanzar sus metas.

La persistencia se refiere a la habilidad de continuar a pesar de las dificultades y los contratiempos. Es el motor que impulsa a los empresarios a superar los obstáculos y a no rendirse frente a las adversidades. Pero, ¿por qué es tan importante ser persistente en los negocios?

En primer lugar, la persistencia permite aprender de los errores. Cuando nos encontramos con dificultades o fracasos, creemos que no hemos obtenido el resultado deseado. Sin embargo, la persistencia nos impulsa a analizar lo sucedido, identificar los errores cometidos y aprender de ellos. Cada fracaso es una oportunidad para mejorar y perfeccionar nuestras estrategias.

Además, ser persistente demuestra nuestro compromiso y determinación. Los empresarios exitosos entienden que el éxito no llega de la noche a la mañana, sino que requiere tiempo y esfuerzo. A través de la persistencia, mostramos nuestra dedicación hacia nuestros objetivos y nuestra disposición para hacer lo que sea necesario para alcanzarlos.

La consistencia, por otro lado, implica mantener una conducta constante y coherente a lo largo del tiempo. Es fundamental para establecer una reputación sólida y confiable en el mundo empresarial. Los empresarios exitosos se destacan por su capacidad para mantenerse firmes en sus decisiones y acciones, sin dejarse llevar por las circunstancias cambiantes o las modas pasajeras.

Al ser consistentes en la ejecución de la solución, establecemos una base sólida para nuestro negocio y generamos confianza tanto en nuestros colaboradores como en nuestros clientes. La consistencia nos permite demostrar que cumplimos nuestras promesas y que nuestros esfuerzos van más allá de simples palabras. Esto fortalece nuestra imagen como empresarios y nos posiciona como referentes en nuestro mercado.

Además, la consistencia nos ayuda a mantener el enfoque en nuestros objetivos a largo plazo. En un mundo empresarial lleno de distracciones y tentaciones, es fácil desviarse del camino. Sin embargo, cuando somos consistentes en nuestras acciones, nos recordamos constantemente cuál es nuestro propósito y nos esforzamos por alcanzarlo. Esto nos ayuda a superar las tentaciones momentáneas y a mantenernos enfocados en lo que realmente importa.

En resumen, la persistencia y la consistencia son dos cualidades cruciales para los empresarios exitosos. La persistencia nos impulsa a aprender de los fracasos y a seguir adelante a pesar de las dificultades, mientras que la consistencia nos permite establecer una reputación confiable y mantenernos enfocados en nuestros objetivos a largo plazo.

Continuará...Además de la persistencia y consistencia, existen otras estrategias que pueden contribuir al éxito de los empresarios. Una de ellas es la adaptabilidad. En el mundo empresarial, los cambios son constantes y los empresarios exitosos son aquellos capaces de adaptarse rápidamente a nuevas circunstancias y demandas del mercado.

Ser adaptable implica estar dispuesto a abandonar antiguas prácticas o modelos de negocio que ya no son efectivos y a buscar nuevas formas de satisfacer las necesidades de los clientes. Esta flexibilidad nos permite mantenernos relevantes y competitivos en un entorno empresarial en constante evolución.

Otra estrategia clave para los empresarios exitosos es la innovación. La capacidad de pensar de manera creativa y proponer soluciones originales es fundamental para destacarse en un mercado saturado. La innovación nos permite diferenciarnos de la competencia y aportar valor añadido a nuestros productos o servicios.

Para fomentar la innovación en nuestro negocio, es importante fomentar un ambiente de trabajo que anime a los empleados a aportar nuevas ideas. Debemos crear espacios de colaboración y fomentar la experimentación y el aprendizaje constante. Alentar el pensamiento innovador no solo nos beneficiará a nosotros como empresarios, sino también a nuestros colaboradores y clientes.

Otro aspecto fundamental para el éxito empresarial es la capacidad de establecer relaciones sólidas y duraderas con socios comerciales, proveedores y clientes. Las alianzas estratégicas pueden ser una herramienta poderosa para impulsar nuestro negocio y acceder a nuevas oportunidades de crecimiento.

Establecer relaciones de confianza nos permite obtener el apoyo y respaldo necesario para alcanzar nuestros objetivos. Además, las asociaciones estratégicas pueden ayudarnos a diversificar nuestra cartera de productos o servicios, a reducir costos y a aumentar nuestra presencia en nuevos mercados.

Por último, pero no menos importante, es fundamental mantenernos actualizados y en constante aprendizaje. El mundo empresarial está en constante evolución, y aquellos empresarios que se mantienen informados y adquieren nuevos conocimientos tienen una ventaja competitiva.

Esto implica estar al tanto de las últimas tendencias y avances tecnológicos en nuestro campo, participar en cursos, talleres y conferencias y rodearnos de mentores y expertos en nuestra industria. El aprendizaje continuo nos permite mantenernos actualizados y mejorar constantemente nuestras habilidades y conocimientos.

En resumen, la persistencia y la consistencia son cualidades esenciales para los empresarios exitosos, pero también debemos ser adaptables, innovadores y capaces de establecer relaciones sólidas. Además, nunca debemos dejar de aprender y estar a la vanguardia de los cambios en nuestro campo. Al aplicar estas estrategias, podremos enfrentar los desafíos del mundo empresarial con confianza y alcanzar el éxito. Continuará...

Capítulo 12: Automatización y Escalabilidad

En el mundo empresarial actual, la clave para alcanzar el éxito radica en la capacidad de automatizar y escalar las soluciones para generar más ingresos. La tecnología nos brinda herramientas y oportunidades que pueden transformar por completo la forma en que conducimos nuestros negocios. En este capítulo, exploraremos las estrategias y enfoques más efectivos para lograr la automatización y escalabilidad en tu empresa.

La automatización es fundamental para mejorar la eficiencia operativa y liberar recursos valiosos que se pueden invertir en actividades más estratégicas. Al reducir la intervención humana y emplear sistemas inteligentes, podemos minimizar errores y agilizar los procesos, lo que nos permite centrarnos en el crecimiento y desarrollo del negocio. La automatización puede abarcar desde tareas sencillas hasta procesos complejos, como la gestión del inventario, la atención al cliente, la contabilidad, entre otros.

Existen numerosas herramientas y software disponibles en el mercado que facilitan la automatización de las tareas empresariales. Por ejemplo, el uso de chatbots en las plataformas de atención al cliente puede agilizar la respuesta a las consultas y garantizar una experiencia más satisfactoria para los clientes. Asimismo, los sistemas de gestión de ventas y marketing permiten automatizar el seguimiento de leads, el envío de correos electrónicos automatizados y el análisis de datos para identificar oportunidades de crecimiento.

Sin embargo, la automatización por sí sola no es suficiente para alcanzar el éxito empresarial a largo plazo. Para lograr un crecimiento sostenible, es fundamental considerar también la escalabilidad. La escalabilidad implica la capacidad de hacer frente al aumento de la demanda sin perder eficiencia o calidad del servicio. La tecnología desempeña un papel clave en este aspecto, ya que nos brinda la flexibilidad necesaria para adaptarnos a medida que crecemos.

Cuando hablamos de escalabilidad, es esencial pensar en el futuro y anticipar las necesidades potenciales de nuestro negocio. Esto implica invertir en infraestructura tecnológica que pueda soportar un crecimiento significativo sin comprometer la estabilidad y la eficiencia de nuestras operaciones. Además, es importante definir procesos y sistemas flexibles que puedan adaptarse y evolucionar con el tiempo.

La estrategia de automatización y escalabilidad debe estar en línea con los objetivos y valores de nuestra empresa. Es fundamental evaluar cuáles son los procesos clave que se pueden automatizar y dónde se pueden implementar mejoras para lograr una mayor eficiencia. Asimismo, es importante considerar las implicaciones económicas y los posibles riesgos asociados con estas decisiones.

En resumen, la automatización y escalabilidad son elementos esenciales para el éxito de cualquier empresario. A través de la aplicación adecuada de tecnología y la implementación de estrategias sólidas, podemos liberar recursos y maximizar el potencial de crecimiento de nuestro negocio. En la segunda parte de este capítulo, exploraremos casos de éxito y estrategias prácticas para implementar la automatización y escalabilidad de manera efectiva. ¡No te lo pierdas! La segunda parte de este capítulo se centrará en casos de éxito y estrategias prácticas para implementar la automatización y escalabilidad de manera efectiva. A través de ejemplos reales, podrás obtener ideas y consejos que te ayudarán a aplicar estas estrategias en tu propio negocio.

Uno de los casos de éxito más destacados en cuanto a automatización y escalabilidad es el de Amazon. Esta empresa ha revolucionado la forma en que compramos y vendemos productos en línea. Su capacidad para automatizar y escalar sus operaciones ha sido clave en su éxito.

Amazon comenzó como una tienda en línea de libros y ha evolucionado hasta convertirse en un gigante del comercio electrónico que ofrece una amplia variedad de productos. Su capacidad para automatizar los procesos de inventario, envío y atención al cliente ha permitido que la empresa crezca rápidamente y brinde un servicio eficiente a millones de clientes en todo el mundo.

Un aspecto clave en la estrategia de automatización de Amazon es su uso extensivo de la robótica en sus almacenes. Estos robots se encargan de organizar y transportar los productos de manera eficiente, lo que permite una reducción de costos y tiempos de entrega más rápidos. Además, Amazon ha implementado sistemas de inteligencia artificial para mejorar la experiencia del cliente, proporcionando recomendaciones personalizadas y respuestas rápidas a las consultas.

Otro caso de éxito notable es el de Netflix, plataforma líder en streaming de contenido audiovisual. A través de su algoritmo de recomendación inteligente, Netflix puede ofrecer a sus usuarios sugerencias personalizadas de películas y series. Esto se logra a partir de la automatización del análisis de datos y la generación de recomendaciones basadas en los hábitos de visualización de cada usuario.

La escalabilidad también ha sido un factor fundamental en el éxito de Netflix. Al ofrecer su servicio a través de internet, la plataforma puede adaptarse fácilmente a un aumento en la demanda de usuarios sin comprometer la calidad del servicio. Además, Netflix ha invertido en el desarrollo de su propia infraestructura tecnológica, lo que le ha permitido expandirse a nivel mundial y mantener una experiencia de streaming sin interrupciones.

Estos ejemplos demuestran cómo la automatización y escalabilidad pueden transformar por completo la forma en que conducimos nuestros negocios. Sin embargo, es importante tener en cuenta que no existe una única estrategia que funcione para todos los empresarios.

Cada negocio es único y requiere un enfoque adaptado a sus necesidades específicas. Es fundamental evaluar cuidadosamente los procesos e identificar áreas donde la automatización puede generar un mayor impacto. Además, es importante contar con una infraestructura tecnológica sólida que pueda soportar un crecimiento sostenible y brindar un servicio de calidad a nuestros clientes.

En conclusión, la automatización y escalabilidad son elementos clave para el éxito de cualquier empresario. A través de ejemplos de casos de éxito y estrategias prácticas, hemos explorado cómo estas estrategias pueden ser implementadas de manera efectiva en diferentes negocios. Recuerda que cada empresa es única y que es fundamental adaptar estas estrategias a tus propias necesidades y objetivos. ¡Aplica estas ideas en tu negocio y descubre el potencial de crecimiento que la automatización y escalabilidad pueden ofrecerte!

Capítulo 13: Delegación de Tareas

Cómo delegar tareas para enfocarse en las actividades más importantes.

La delegación de tareas es una habilidad esencial para cualquier empresario exitoso. No importa cuán talentoso o competente seas, es imposible llevar a cabo todas las responsabilidades de un negocio por ti mismo. La capacidad de delegar te permite liberar tiempo y energía para enfocarte en actividades más importantes y estratégicas.

La delegación efectiva implica asignar tareas y responsabilidades a los miembros de tu equipo, y confiar en su capacidad para llevarlas a cabo de manera eficiente. Aunque pueda resultar difícil al principio, dominar esta habilidad te permitirá maximizar tus esfuerzos y llevar tu negocio al próximo nivel.

Para empezar, es fundamental identificar las tareas que puedes delegar. A menudo, nos aferramos a ciertas responsabilidades por miedo a perder el control o a que no se realicen correctamente. Sin embargo, es importante reconocer que haces un flaco favor a tu negocio al no delegar tareas.

Una vez que hayas identificado las tareas adecuadas para delegar, es crucial seleccionar a las personas indicadas para llevarlas a cabo. Debes tener en cuenta las habilidades y fortalezas individuales de tu equipo, así como su capacidad para tomar decisiones y trabajar de forma autónoma. La confianza en tu equipo es un componente clave para garantizar una delegación exitosa.

Al asignar tareas, asegúrate de brindar una comunicación clara y precisa. Explica con claridad las expectativas y objetivos de la tarea, así como cualquier plazo o requisito que deba cumplirse. Proporciona la información y los recursos necesarios para que tu equipo pueda llevar a cabo su trabajo de manera efectiva.

No olvides establecer un sistema de seguimiento y revisión de las tareas delegadas. Aunque hayas delegado una tarea, eso no significa que debas desconectarte por completo. Permanece disponible para responder preguntas o brindar orientación cuando sea necesario. También es importante establecer puntos de control para evaluar el progreso y asegurarte de que todo se esté llevando a cabo según lo planeado.

La delegación de tareas también te brinda la oportunidad de desarrollar y capacitar a tu equipo. Al asignar responsabilidades desafiantes, estás proporcionando a tus empleados la posibilidad de crecer y adquirir nuevas habilidades. Esto no solo beneficia a tu negocio a largo plazo, sino que también fortalece el compromiso y la satisfacción de tu equipo.

En resumen, la delegación de tareas es una estrategia fundamental para empresarios exitosos. Al liberar tiempo y energía para enfocarse en actividades más importantes, puedes llevar a tu negocio al siguiente nivel. Identifica las tareas adecuadas, selecciona a las personas indicadas, comunica claramente las expectativas y establece un sistema de seguimiento efectivo. Recuerda, la delegación es una oportunidad para desarrollar y capacitar a tu equipo, así que no tengas miedo de confiar en ellos. ¡Empieza a delegar y descubre el poder de enfocarte en lo realmente crucial!

Una vez que hayas delegado las tareas adecuadas a las personas correctas y hayas establecido un sistema de seguimiento, es crucial mantener una comunicación abierta y constante con tu equipo. Debes estar disponible para responder preguntas, brindar orientación y ofrecer retroalimentación cuando sea necesario. Esto ayudará a asegurar que las tareas se estén llevando a cabo según lo planeado y te permitirá identificar cualquier problema o desafío que pueda surgir.

La comunicación efectiva es fundamental para una delegación exitosa. Asegúrate de proporcionar a tu equipo toda la información y los recursos necesarios para que puedan llevar a cabo su trabajo de manera efectiva. Esto incluye brindar un contexto claro sobre la importancia de la tarea, así como establecer expectativas y objetivos claros. Además, asegúrate de informar sobre cualquier plazo o requisito específico que deba cumplirse.

No olvides que la delegación también te brinda la oportunidad de desarrollar y capacitar a tu equipo. Al asignar responsabilidades desafiantes, estás proporcionando a tus empleados la posibilidad de crecer y adquirir nuevas habilidades. Asegúrate de brindar apoyo y recursos adicionales si es necesario, y reconoce y celebra los logros alcanzados por tu equipo. Esto no solo fortalecerá su compromiso y satisfacción, sino que también impulsará el crecimiento y éxito de tu negocio a largo plazo.

Además de la comunicación, es importante establecer puntos de control y revisión periódicos para evaluar el progreso de las tareas delegadas. Estos puntos de control te permitirán asegurarte de que todo se esté llevando a cabo según lo planeado y te darán la oportunidad de realizar ajustes o correcciones si es necesario. Mantén un registro claro de los avances y los resultados obtenidos, y utiliza esta información para tomar decisiones informadas y mejorar la eficiencia en futuras delegaciones.

La delegación de tareas también te permite liberar tiempo y energía para enfocarte en las actividades más importantes y estratégicas para tu negocio. Aprovecha esta oportunidad para dedicar tu atención a proyectos de mayor alcance, toma de decisiones importantes y la planificación a largo plazo. Recuerda, tu papel como empresario exitoso es liderar y guiar a tu equipo hacia el éxito, no realizar todas las tareas por ti mismo. La delegación efectiva te permitirá maximizar tus esfuerzos y llevar tu negocio al siguiente nivel.

En conclusión, la delegación de tareas es una estrategia esencial para empresarios exitosos. Al asignar tareas y responsabilidades a los miembros de tu equipo, puedes liberar tiempo y energía para enfocarte en actividades más importantes y estratégicas. La comunicación efectiva, el establecimiento de puntos de control y la oportunidad de desarrollar y capacitar a tu equipo, son componentes clave para una delegación exitosa. No temas confiar en tu equipo y aprovecha esta oportunidad para crecer tanto tú como tu negocio. ¡Empieza a delegar y descubre el poder de enfocarte en lo realmente crucial!

Capítulo 14: Administración del Tiempo

En el mundo empresarial, el tiempo es un recurso invaluable. La capacidad de administrarlo de manera eficiente es crucial para poder alcanzar el éxito en cualquier proyecto o emprendimiento. Es por eso que en el proceso A.R.E. (Alinear, Realizar, Evaluar) es fundamental tener una estrategia sólida para gestionar el tiempo de manera efectiva.

En este capítulo, ofreceremos consejos prácticos y efectivos para que los empresarios puedan manejar su tiempo de manera eficiente en el proceso A.R.E. Estos consejos les permitirán maximizar su productividad y lograr mejores resultados en sus tareas y proyectos.

El primer consejo que queremos compartir con ustedes es la importancia de establecer metas claras y realistas. Al definir objetivos específicos y alcanzables, podrán enfocar sus esfuerzos y priorizar adecuadamente las tareas que requieren su atención. Esto les permitirá evitar la pérdida de tiempo en actividades no relacionadas con sus objetivos principales.

Otro aspecto clave en la administración del tiempo es la planificación. Es fundamental contar con un plan detallado y estructurado que les permita distribuir eficientemente sus tareas a lo largo del día o la semana. Esto incluye asignar tiempo dedicado exclusivamente a cada actividad, establecer plazos y estimar el tiempo necesario para completarlas. La planificación les ayudará a mantener el enfoque y evitará que se dispersen en tareas secundarias.

La delegación de tareas es otro elemento fundamental para maximizar la eficiencia en la administración del tiempo. Aprender a confiar en su equipo y asignarles responsabilidades específicas no solo les permitirá liberar tiempo para enfocarse en otras actividades, sino que también promoverá el desarrollo de sus colaboradores y fortalecerá el trabajo en equipo. Recuerden que no necesitan hacerlo todo por sí mismos, ¡a veces delegar es la clave para el éxito!

La capacidad de manejar las interrupciones de manera efectiva también es esencial en la administración del tiempo. En un entorno empresarial, es común ser interrumpidos por llamadas telefónicas, reuniones inesperadas o emergencias. Para evitar que estas interrupciones afecten su productividad, es importante establecer límites y aprender a decir "no" cuando sea necesario. Si tienen una tarea prioritaria en curso, establezcan períodos de tiempo en los que no sean interrumpidos y comuníquenlo claramente a su equipo y colegas.

Finalmente, es importante cuidar de sí mismos. La gestión adecuada del tiempo también implica dedicar tiempo para descansar, recargar energías y despejar la mente. El agotamiento y el estrés pueden afectar negativamente su productividad y calidad de trabajo. Asegúrense de incorporar actividades de relajación y mantener un equilibrio entre el trabajo y su vida personal.

En resumen, la administración eficiente del tiempo es una habilidad clave para los empresarios que desean alcanzar el éxito en el proceso A.R.E. Establecer metas claras, planificar adecuadamente, delegar tareas, manejar las interrupciones y cuidar de sí mismos son elementos fundamentales para administrar el tiempo de manera efectiva. Continuaremos explorando estrategias adicionales en la segunda parte de este capítulo, ¡así que manténganse atentos para descubrir más consejos útiles que les ayudarán a optimizar su uso del tiempo en el proceso A.R.E.! Uno de los aspectos esenciales para administrar eficientemente nuestro tiempo en el proceso A.R.E. es aprender a manejar las distracciones. En el entorno empresarial actual, estamos constantemente bombardeados por correos electrónicos, notificaciones de redes sociales y otras interrupciones que pueden desviar nuestra atención y disminuir nuestra productividad. Es importante ser conscientes de estas distracciones y tomar medidas para minimizar su impacto.

Una forma efectiva de manejar las distracciones es establecer períodos de tiempo dedicados exclusivamente a tareas importantes y evitar las tentaciones digitales. Para lograrlo, pueden poner sus dispositivos electrónicos en modo silencioso o incluso desconectarlos por completo durante ciertos momentos del día. Asimismo, pueden utilizar herramientas como aplicaciones de bloqueo de sitios web o limitadores de tiempo para evitar acceder a sitios no relacionados con el trabajo durante las horas de enfoque.

Otra estrategia para maximizar la eficiencia en la administración del tiempo es utilizar técnicas de gestión del tiempo, como la técnica Pomodoro. Esta técnica se basa en trabajar en bloques de tiempo de 25 minutos, conocidos como "pomodoros", seguidos de un breve descanso de 5 minutos. Después de completar cuatro pomodoros, se toma un descanso más largo. Esta técnica ayuda a mantener la concentración y a evitar el cansancio mental, ya que divide el trabajo en segmentos manejables y proporciona momentos de descanso para reponer energías.

Además de administrar el tiempo, es fundamental delegar adecuadamente las tareas y responsabilidades en el proceso A.R.E. Si bien la delegación puede resultar difícil para algunos empresarios, es importante recordar que no pueden hacerlo todo por sí mismos. Delegar tareas a miembros de su equipo confiables y capacitados no solo les permitirá liberar tiempo para enfocarse en actividades de mayor prioridad, sino que también fomentará el desarrollo y crecimiento de sus colaboradores.

Para delegar de manera efectiva, es importante comunicar de manera clara las expectativas y objetivos, así como proporcionar los recursos necesarios para llevar a cabo la tarea. Además, es importante confiar en las habilidades y capacidades de su equipo y brindarles autonomía en la toma de decisiones. Esto fortalecerá el trabajo en equipo y permitirá a cada miembro del equipo asumir la responsabilidad de su parte en el proceso A.R.E.

Finalmente, es crucial aprender a decir "no" cuando sea necesario. En el entorno empresarial, es común recibir solicitudes de colaboración, reuniones o proyectos adicionales que pueden comprometer nuestra capacidad para cumplir con nuestros objetivos establecidos. Aunque puede ser difícil rechazar estas solicitudes, es importante evaluar su impacto en nuestro tiempo y objetivos, y tener la valentía de decir "no" cuando se vuelven demasiado abrumadoras o no están alineadas con las prioridades establecidas.

En conclusión, la administración eficiente del tiempo es fundamental para el éxito de los empresarios en el proceso A.R.E. Al implementar estrategias para manejar las distracciones, utilizar técnicas de gestión del tiempo, delegar tareas adecuadamente y aprender a decir "no", los empresarios podrán optimizar su tiempo y enfocarse en actividades clave para lograr sus metas. Continuarán explorando estrategias adicionales en el proceso A.R.E. a lo largo del libro, así que manténganse atentos para descubrir más consejos útiles que les ayudarán en su camino hacia el éxito empresarial.

Capítulo 15: Mentalidad Emprendedora

Desarrollo de una mentalidad emprendedora para el éxito en los negocios.

El mundo empresarial está lleno de desafíos y oportunidades. La capacidad de adaptarse, innovar y perseverar son características clave que distinguen a los empresarios exitosos de los demás. Sin embargo, más allá de las habilidades técnicas y conocimientos específicos de cada industria, el factor fundamental que impulsa el éxito en los negocios es la mentalidad emprendedora.

La mentalidad emprendedora es un conjunto de creencias, actitudes y patrones de pensamiento que fomentan la creatividad, el enfoque en soluciones y la disposición para asumir riesgos calculados. Es el motor que impulsa a los empresarios a superar obstáculos, encontrar oportunidades en situaciones desafiantes y crear valor en el mercado.

Una de las características más importantes de una mentalidad emprendedora es la capacidad de tomar decisiones rápidas y efectivas. Los empresarios exitosos entienden que el tiempo es un recurso escaso y que la indecisión puede ser costosa. Por lo tanto, desarrollan la habilidad de evaluar rápidamente las opciones disponibles, considerar los posibles resultados y elegir la mejor alternativa con confianza.

Otra habilidad clave para desarrollar una mentalidad emprendedora es la capacidad de aprender y adaptarse constantemente. El mundo empresarial es dinámico y está en constante evolución; por lo tanto, es fundamental mantenerse actualizado y abierto a nuevas ideas y enfoques. Los empresarios exitosos buscan oportunidades de crecimiento personal y profesional, ya sea a través de la formación, la lectura de libros relevantes o la participación en redes de empresarios que fomenten el intercambio de conocimientos y experiencias.

Además, una mentalidad emprendedora requiere una pasión por el aprendizaje y la mejora continua. Los empresarios exitosos tienen un enfoque constante en el crecimiento y el desarrollo, tanto a nivel personal como empresarial. Ven los errores y los fracasos como oportunidades de aprendizaje, en lugar de obstáculos insuperables. Aprenden de sus errores, ajustan su enfoque y siguen adelante con determinación renovada.

La resiliencia también es fundamental para desarrollar una mentalidad emprendedora. El camino hacia el éxito en los negocios a menudo está lleno de desafíos y contratiempos. Los empresarios exitosos comprenden que el fracaso es parte del proceso y están dispuestos a levantarse una y otra vez. Ven los obstáculos como oportunidades para crecer, aprender y fortalecerse, en lugar de permitir que los derroten.

En resumen, una mentalidad emprendedora es esencial para el éxito en los negocios. Los empresarios exitosos cultivan la capacidad de tomar decisiones rápidas y efectivas, se mantienen constantemente aprendiendo y adaptándose, tienen pasión por el crecimiento y la mejora continua, y son resilientes frente a los desafíos y fracasos. Estas cualidades les permiten enfrentar cualquier obstáculo que se presente en su camino y aprovechar todas las oportunidades que se les presenten.

En la segunda parte de este capítulo, exploraremos estrategias concretas para desarrollar y fortalecer una mentalidad emprendedora. Descubriremos cómo cultivar la creatividad, cómo gestionar adecuadamente el riesgo y cómo mantener una mentalidad positiva y perseverante frente a los desafíos. Estas herramientas serán fundamentales para aquellos empresarios que deseen alcanzar el éxito en los negocios y dejar huella en el mundo empresarial. ¿Estás listo para sumergirte en el fascinante mundo de la mentalidad emprendedora? En la segunda parte de este capítulo, nos sumergiremos más profundamente en el fascinante mundo de la mentalidad emprendedora. Exploraremos estrategias concretas que pueden ayudar a los empresarios a desarrollar y fortalecer aún más su mentalidad emprendedora para lograr un mayor éxito en los negocios.

Una herramienta fundamental para cultivar una mentalidad emprendedora es la creatividad. Los empresarios exitosos entienden que la capacidad de generar ideas innovadoras y encontrar soluciones creativas a los problemas es crucial en un entorno empresarial competitivo. Para fomentar la creatividad, es importante adoptar una mentalidad abierta y curiosa, buscar nuevas perspectivas y desafiar las suposiciones convencionales. Además, es beneficioso rodearse de personas creativas y colaborar con ellos para inspirarse mutuamente y generar ideas frescas.

Otra estrategia clave para fortalecer una mentalidad emprendedora es aprender a gestionar adecuadamente el riesgo. Los empresarios exitosos se dan cuenta de que asumir riesgos calculados es fundamental para el crecimiento y el éxito en los negocios. Sin embargo, también comprenden la importancia de evaluar cuidadosamente los riesgos y recompensas potenciales antes de tomar decisiones importantes. Esto implica analizar las posibles consecuencias, considerar alternativas y tomar precauciones para minimizar los riesgos. Además, los empresarios exitosos saben que aprender a manejar el fracaso es esencial para superar los desafíos y aprovechar las oportunidades en el futuro.

Mantener una mentalidad positiva y perseverante frente a los desafíos es otra habilidad crucial para los empresarios exitosos. El mundo empresarial está lleno de altibajos, y enfrentar dificultades es inevitable. Sin embargo, los empresarios exitosos no se dejan vencer por los obstáculos, sino que los ven como una oportunidad de aprendizaje y crecimiento. Mantener una actitud positiva y optimista les permite enfrentar los desafíos con resiliencia, buscar soluciones creativas y seguir adelante con determinación renovada.

Además, es importante desarrollar habilidades de gestión del tiempo y establecer prioridades claras. El tiempo es un recurso escaso y preciado en el mundo empresarial, por lo que los empresarios exitosos aprenden a administrarlo de manera eficiente y efectiva. Esto implica identificar tareas clave, establecer plazos realistas, delegar tareas cuando sea necesario y aprovechar al máximo cada minuto del día.

En conclusión, una mentalidad emprendedora es fundamental para el éxito en los negocios. Los empresarios exitosos cultivan la creatividad, gestionan adecuadamente el riesgo, mantienen una mentalidad positiva y perseverante, y saben administrar su tiempo de manera eficiente. Estas habilidades y estrategias les permiten superar obstáculos, aprovechar oportunidades y lograr un mayor éxito en el mundo empresarial.

Al finalizar este capítulo, espero que hayas adquirido una comprensión más profunda de la importancia de desarrollar una mentalidad emprendedora y las estrategias que puedes utilizar para fortalecerla. Con estas herramientas en tu arsenal, estarás preparado para enfrentar los desafíos y aprovechar al máximo las oportunidades que se te presenten en tu camino hacia el éxito empresarial. ¡Adelante, empresario exitoso, el mundo está esperando tu visión y determinación!

Capítulo 16: Resolución de problemas comunes

Cómo aplicar A. R. E. para resolver problemas comunes en los negocios.

A lo largo de la carrera de un empresario exitoso, inevitablemente se enfrentará a diversos problemas que pueden dificultar el crecimiento y el éxito de su negocio. Sin embargo, contar con una estrategia efectiva para resolver estos problemas comunes puede marcar la diferencia entre el triunfo y el fracaso. En este capítulo, exploraremos cómo aplicar la metodología de A. R. E. (Análisis, Reflexión y Ejecución) para abordar estos obstáculos de manera efectiva.

El primer paso crucial en la resolución de problemas empresariales comunes es el análisis exhaustivo. Antes de tomar cualquier acción, es fundamental comprender a fondo la naturaleza del problema y sus posibles causas subyacentes. Realice una evaluación completa de la situación, investigue las áreas clave y recopile toda la información relevante. Esto incluye datos financieros, análisis de mercado, retroalimentación de los clientes y cualquier otro recurso que pueda arrojar luz sobre el problema en cuestión.

Una vez que haya recopilado todos los datos necesarios, es momento de reflexionar sobre los diferentes enfoques para resolver el problema. La metodología de A. R. E. propone mirar el problema desde diferentes perspectivas, fomentando la creatividad y la generación de ideas innovadoras. Consulte a su equipo, busque opiniones externas y considere diferentes soluciones potenciales. Es importante dejar a un lado los prejuicios y mantener una mente abierta para encontrar la solución más adecuada.

Una vez que haya identificado posibles soluciones, llega el momento de la ejecución. Seleccione la mejor alternativa y ponga en marcha el plan de acción. Asegúrese de asignar roles y responsabilidades claras a los miembros de su equipo. A medida que implemente la solución, monitoree de cerca los resultados y realice ajustes según sea necesario. La flexibilidad y la adaptabilidad son clave durante este proceso, ya que puede haber obstáculos inesperados que deban enfrentarse en el camino.

Además de la metodología de A. R. E., hay algunos consejos adicionales que pueden ayudarlo a resolver problemas comunes en los negocios. En primer lugar, no tema pedir ayuda cuando la necesite. Contar con el apoyo y la perspectiva de otros colegas o mentores puede brindar una visión nueva y valiosa. Asimismo, no tenga miedo de aprender de los errores. Los fracasos son oportunidades de crecimiento y pueden proporcionar valiosas lecciones para el futuro.

En conclusión preliminar, la aplicación de la metodología de A. R. E. puede ser una herramienta poderosa para resolver problemas comunes en los negocios. A través del análisis minucioso, la reflexión creativa y la ejecución efectiva, los empresarios pueden enfrentar y superar cualquier desafío que se les presente. Con una mentalidad abierta y la voluntad de aprender de cada experiencia, estarán mejor preparados para asegurar el éxito a largo plazo de sus empresas.

Este capítulo ha explorado la primera mitad de nuestra estrategia para resolver problemas comunes en los negocios. En la segunda parte, nos sumergiremos aún más en la implementación de las soluciones y la importancia de la adaptación continua. Permanezca atento a la continuación de esta historia, ya que revelaremos más herramientas y enfoques prácticos para ayudarlo a enfrentar los retos empresariales con éxito. En esta segunda mitad del capítulo, nos adentraremos en la implementación de las soluciones y destacaremos la importancia de la adaptación continua. Una vez que haya seleccionado la mejor alternativa para solucionar el problema, es crucial ponerla en marcha de manera efectiva.

El siguiente paso es asignar roles y responsabilidades claras a los miembros de su equipo. Cada persona debe tener claro qué se espera de ella y qué acciones debe realizar para llevar a cabo la solución propuesta. Además, es fundamental establecer un cronograma y seguirlo de cerca para asegurarse de que se cumplan los plazos establecidos.

A medida que implementa la solución, es esencial monitorear de cerca los resultados y realizar ajustes según sea necesario. Puede surgir obstáculos inesperados en el camino, por lo que la flexibilidad y la adaptabilidad son clave durante este proceso. No se desanime si se encuentra con dificultades, recuerde que cada problema es una oportunidad para aprender y crecer.

Mantener una comunicación abierta y constante con su equipo es fundamental durante la ejecución de la solución. Fomente la retroalimentación y anime a su equipo a compartir cualquier problema o desafío que encuentren en el camino. Juntos, podrán identificar las áreas que requieren ajustes y trabajar en conjunto para encontrar soluciones efectivas.

Además de la metodología de A. R. E., existen algunas herramientas adicionales que pueden ayudarlo a resolver problemas comunes en los negocios. Una de ellas es el análisis FODA (Fortalezas, Oportunidades, Debilidades y Amenazas), que puede ayudarlo a evaluar la situación de manera global y a identificar áreas de mejora. Otra herramienta útil es el diagrama de causa y efecto, también conocido como diagrama de Ishikawa, que le permite identificar las posibles causas de un problema y analizar sus efectos.

No olvide pedir ayuda cuando la necesite. Contar con el apoyo y la perspectiva de otros colegas o mentores puede brindar una visión nueva y valiosa. Recuerde que nadie tiene todas las respuestas, y buscar la ayuda de otros puede ser una gran ventaja para encontrar soluciones innovadoras.

Por último, no tema aprender de los errores. Todos cometemos equivocaciones en algún momento, pero lo importante es tomarlos como oportunidades de crecimiento. Analice lo sucedido, identifique las lecciones aprendidas y aplíquelas en futuras situaciones. La verdadera sabiduría radica en aprender de cada experiencia, incluso de las menos exitosas.

En resumen, la implementación efectiva de las soluciones es fundamental para resolver problemas comunes en los negocios. A través de una ejecución cuidadosa, un monitoreo constante y la adaptación continua, podrá superar cualquier desafío que se le presente. Recuerde utilizar herramientas como el análisis FODA y el diagrama de causa y efecto, y no tenga miedo de pedir ayuda o aprender de los errores. Con una mentalidad abierta y la determinación de mejorar constantemente, estará preparado para enfrentar los retos empresariales con éxito.

Este capítulo ha explorado cómo aplicar la metodología de A. R. E. para resolver problemas comunes en los negocios. Espero que haya encontrado útiles las herramientas y enfoques prácticos presentados. En el próximo capítulo, exploraremos nuevas estrategias para impulsar el crecimiento de su empresa. No se pierda la continuación de nuestra historia, donde revelaremos más consejos y técnicas para alcanzar el éxito empresarial.

Capítulo 17: Casos Hipotéticos de Ejemplo

Estudios de casos Hipotéticos de personas que han aplicado con éxito la estrategia A. R. E.

El éxito en el mundo empresarial no es una casualidad. Requiere esfuerzo, dedicación y, sobre todo, una estrategia adecuada. En este capítulo, exploraremos una serie de casos hipotéticos de empresarios exitosos que han aplicado con éxito la estrategia A. R. E. (Análisis, Reflexión y Ejecución). Estos casos nos permitirán comprender cómo la aplicación de esta metodología ha marcado la diferencia en sus trayectorias.

El primer caso hipotético que presentaremos es el de Alejandro, un emprendedor audaz y determinado. En su análisis exhaustivo del mercado, identificó una necesidad no satisfecha dentro del sector de la tecnología y decidió aprovechar esta oportunidad. Alejandro reflexionó sobre las posibles soluciones y los riesgos involucrados, y finalmente, desarrolló un plan estratégico detallado. Con una ejecución disciplinada y una mentalidad abierta a la adaptación, logró lanzar un producto innovador que revolucionó el mercado.

Otro caso hipotético fascinante es el de Carolina, una empresaria exitosa en el ámbito de la moda. Con años de experiencia en el sector, Carolina entendió la importancia de mantenerse a la vanguardia de las tendencias. A través de un análisis minucioso del mercado y la reflexión sobre las necesidades de sus clientes, logró identificar una oportunidad en la industria del lujo sostenible. Desarrolló una estrategia sólida y ejecutó su visión de manera impecable, lo que la llevó a convertirse en una referencia en el sector.

El caso de David, un empresario del sector alimentario, también es digno de mención. Con una pasión por la nutrición y la salud, David aplicó el análisis para identificar un problema común en la industria: la falta de opciones saludables y convenientes para personas ocupadas. Reflexionó sobre cómo podría ofrecer una solución y diseñó una estrategia basada en alimentos naturales y prácticos. Con una ejecución centrada y una visión clara, David logró establecer una cadena de tiendas exitosa y se convirtió en un referente para aquellos que buscan opciones saludables.

Charly y su Airbnb

Charly, apasionado por los viajes, identificó una oportunidad en el mercado de alquileres vacacionales de Puerto Escondido. Analizó la demanda de experiencias únicas y locales, reflexionó sobre el uso de espacios no convencionales y ejecutó la transformación de estos espacios en alojamientos acogedores. Su enfoque A. R. E. le permitió crear un Airbnb exitoso y referente en experiencias de alojamiento auténticas.

Estos casos hipotéticos nos muestran que la estrategia A. R. E. puede ser aplicada en diferentes industrias y contextos, siempre y cuando se realice un análisis profundo, una reflexión crítica y una ejecución disciplinada. Sin embargo, cada empresario exitoso debe adaptar esta metodología a su propia situación, ya que no existe una única fórmula mágica.

En la segunda mitad de este capítulo, profundizaremos en más casos hipotéticos que ilustran cómo la estrategia A. R. E. ha sido clave para el éxito de distintos empresarios. Exploraremos cómo han aplicado el análisis para identificar oportunidades, cómo la reflexión los ha ayudado a tomar decisiones fundamentales y cómo una ejecución disciplinada ha sido determinante para alcanzar resultados sobresalientes.

El objetivo final de estos casos hipotéticos es brindarte una guía clara para que puedas aplicar la estrategia A. R. E. en tu propio camino hacia el éxito empresarial. A medida que avancemos, descubrirás las lecciones clave que se desprenden de estas experiencias, las cuales podrás aplicar en tu propia realidad.

Siguiendo los pasos de Alejandro, Carolina y David, podrás desarrollar una estrategia sólida y alcanzar tus metas empresariales. Prepárate para sumergirte en una segunda parte llena de inspiración y ejemplos concretos de aplicación de la estrategia A. R. E.

En la segunda mitad de este capítulo, profundizaremos en más casos hipotéticos que ilustran cómo la estrategia A. R. E. ha sido clave para el éxito de distintos empresarios. Exploraremos cómo han aplicado el análisis para identificar oportunidades, cómo la reflexión los ha ayudado a tomar decisiones fundamentales y cómo una ejecución disciplinada ha sido determinante para alcanzar resultados sobresalientes.

Tomemos el caso hipotético de María, una empresaria dedicada al sector de la educación. María, al realizar un análisis exhaustivo del mercado, identificó la necesidad de brindar una educación de calidad y accesible a comunidades desatendidas. Reflexionó sobre las posibles soluciones y decidió establecer una organización sin fines de lucro que ofreciera programas educativos innovadores a bajo costo. Con una ejecución metódica y el apoyo de aliados estratégicos, María logró impactar positivamente la vida de miles de personas a través de la educación.

Otro caso interesante es el de Javier, un empresario del sector turístico. Javier, mediante un análisis detallado del mercado, detectó una oportunidad en el ámbito del turismo sostenible. Reflexionó sobre el impacto ambiental y social de la industria turística y desarrolló una estrategia basada en la conservación del entorno natural y cultural, así como en el apoyo a las comunidades locales. Con una ejecución enfocada en la excelencia del servicio y en la promoción consciente del destino, Javier logró establecer un negocio turístico exitoso y sostenible.

En otro caso hipotético, tenemos a Sofía, una emprendedora del sector de la tecnología de la comunicación. Sofía, al realizar su análisis de mercado, identificó una creciente demanda de soluciones de seguridad digital. Reflexionó sobre cómo podría brindar un producto innovador y seguro, y desarrolló una estrategia basada en sistemas de encriptación avanzados y protección de datos. Con una ejecución enfocada en la excelencia tecnológica y en la satisfacción del cliente, Sofía logró posicionar su empresa como líder en el mercado de la ciberseguridad.

Estos casos hipotéticos nos demuestran una vez más que la estrategia A. R. E. puede aplicarse en diversas industrias y contextos empresariales. Cada empresario exitoso trae consigo su perspectiva única y personalizada de cómo implementar esta metodología en su propio camino hacia el éxito.

El conocimiento adquirido a través de estos casos expone las lecciones clave que emergen de las experiencias de Alejandro, Carolina, David, María, Javier y Sofía. Estas lecciones son aplicables a cualquier empresario que busque impulsar su trayectoria a través de una estrategia sólida basada en el análisis, la reflexión y la ejecución.

Al sumergirnos en la segunda mitad de este capítulo, encontrarás inspiración y ejemplos concretos de aplicación de la estrategia A. R. E. en casos hipotéticos adicionales. Podrás observar cómo estos empresarios han utilizado el análisis para identificar oportunidades, cómo la reflexión crítica ha sido clave en la toma de decisiones fundamentales y cómo una ejecución disciplinada ha llevado al logro de resultados sobresalientes.

El objetivo final de estos casos hipotéticos es proporcionarte una guía clara y práctica para que puedas aplicar la estrategia A. R. E. en tu propio camino hacia el éxito empresarial. Prepárate para descubrir más lecciones valiosas que podrás implementar en tu realidad empresarial.

Continuaremos explorando casos hipotéticos que te brindarán inspiración y te ayudarán a desarrollar una mentalidad estratégica y exitosa. El éxito empresarial está al alcance de aquellos que se embarcan en el análisis, la reflexión y la ejecución adecuada. Sigue leyendo y descubre cómo puedes aplicar la estrategia A. R. E. en tu propia historia de éxito empresarial.

Capítulo 18: Feedback y mejora continua

Estudios de casos de personas que han aplicado con éxito la estrategia A.R.E.

En el mundo empresarial, la clave para alcanzar el éxito radica en la capacidad de adaptación y mejora constante. Las empresas exitosas no se conforman con mantener el statu quo, sino que buscan siempre formas de evolucionar y superar las expectativas.

En este capítulo, exploraremos varios casos de empresarios que han aplicado con éxito la estrategia A.R.E. (Adaptación, Resiliencia y Excelencia) en sus negocios. Estos casos nos permitirán comprender cómo la implementación de esta estrategia puede conducir a resultados asombrosos y cómo se puede utilizar para alcanzar el éxito duradero en el mundo empresarial.

Comencemos con el caso de María, una joven emprendedora que decidió abrir su propia tienda de ropa. María entendió desde el principio la importancia de adaptarse a los constantes cambios del mercado y se mantuvo al tanto de las últimas tendencias en moda. Gracias a su enfoque en la adaptación, logró mantener su negocio relevante y atraer a una base de clientes leales.

La resiliencia es otro componente esencial de la estrategia A.R.E. y podemos verlo en el caso de Luis, un empresario del sector tecnológico. Luis enfrentó numerosos obstáculos mientras desarrollaba su empresa de software, pero nunca se rindió. Con cada desafío, aprendió valiosas lecciones y modificó su enfoque para superar las adversidades. Finalmente, su perseverancia y resiliencia le permitieron alcanzar el éxito deseado.

Por último, tenemos el caso de Alejandro, un empresario de la industria de alimentos y bebidas. Alejandro siempre tuvo como objetivo ofrecer productos de máxima calidad a sus clientes. Su obsesión por la excelencia se vio reflejada en cada aspecto de su negocio, desde la selección de ingredientes frescos hasta la atención al detalle en el servicio al cliente. Esta dedicación a la excelencia lo convirtió en un líder en su sector y en un referente para otros empresarios.

Estos ejemplos nos muestran cómo la estrategia A.R.E. puede ser aplicada en diferentes industrias y cómo puede conducir al éxito empresarial. Sin embargo, no podemos olvidar que la adaptación, resiliencia y excelencia no son conceptos estáticos, sino que requieren de una mejora continua.

Es importante destacar que estos empresarios no se conformaron con los resultados iniciales, sino que buscaron constantemente formas de mejorar y crecer. Ya sea a través del aprendizaje constante, la incorporación de nuevas tecnologías o la búsqueda de nuevas oportunidades de mercado, estos empresarios demostraron que la mejora continua es clave para mantenerse en la cima.

En resumen, la estrategia A.R.E. ha demostrado ser un enfoque efectivo para que los empresarios logren el éxito en sus respectivas industrias. La adaptación, resiliencia y excelencia son pilares fundamentales que permiten a las empresas avanzar y prosperar en un entorno empresarial cada vez más competitivo.

En la segunda mitad de este capítulo, continuaremos explorando más estudios de casos y analizando en detalle cómo estos empresarios aplicaron la estrategia A.R.E. para alcanzar resultados sobresalientes. No te pierdas la oportunidad de conocer más sobre estas historias de éxito y descubrir cómo puedes implementar la estrategia A.R.E. en tu propio negocio. ¡Te esperamos en la próxima parte de este capítulo! En la segunda mitad de este capítulo, continuaremos explorando más estudios de casos y analizando en detalle cómo estos empresarios aplicaron la estrategia A.R.E. para alcanzar resultados sobresalientes. Aprenderemos de sus experiencias y descubriremos cómo podemos implementar estos principios en nuestro propio negocio.

El siguiente caso de éxito que presentaremos es el de Ana, una emprendedora del sector de la tecnología. Desde el principio, Ana entendió la importancia de adaptarse a las nuevas tendencias y avances tecnológicos en su industria. A medida que el mercado evolucionaba, se dio cuenta de que su empresa de desarrollo de software debía ofrecer soluciones innovadoras y personalizadas para mantenerse competitiva.

Ana invirtió en la formación de su equipo y en la investigación y desarrollo de nuevas tecnologías. Estuvo constantemente actualizada sobre las últimas novedades y tendencias del mercado. Gracias a su enfoque en la adaptación, pudo ofrecer soluciones a medida para sus clientes y mantenerse a la vanguardia de la industria. Como resultado, su empresa experimentó un crecimiento significativo y se ganó una reputación como líder en su sector.

Otro ejemplo que ilustra la estrategia A.R.E. es el caso de Carlos, un empresario del sector de la construcción. Carlos comprendió la importancia de la resiliencia ante los desafíos y contratiempos que enfrenta cualquier empresa en su crecimiento. A lo largo de los años, Carlos enfrentó varios obstáculos, como la recesión económica y la competencia desleal.

Sin embargo, en lugar de rendirse, Carlos utilizó estos desafíos como oportunidades para aprender y crecer. Adaptó su modelo de negocio, exploró nuevas líneas de productos y servicios, y estableció alianzas estratégicas con otros empresarios del sector. Gracias a su resiliencia, Carlos pudo superar los obstáculos y alcanzar el éxito que siempre había deseado.

Por último, queremos compartir el caso de Gabriela, una empresaria del sector del turismo. Gabriela siempre ha tenido una obsesión por ofrecer una experiencia excepcional a sus clientes. Sabía que la excelencia en el servicio al cliente sería su principal ventaja competitiva en un mercado saturado.

Gabriela implementó rigurosos estándares de calidad en todas las etapas de su negocio, desde la selección de los mejores destinos y proveedores hasta la capacitación constante de su personal. También utilizó la retroalimentación de sus clientes para mejorar continuamente sus servicios y superar sus expectativas. Su enfoque en la excelencia la convirtió en una referencia en la industria del turismo y le permitió mantener una base de clientes leales y satisfechos.

Estos ejemplos nos demuestran cómo la estrategia A.R.E. puede ser aplicada en diferentes industrias y cómo puede conducir al éxito empresarial. La adaptación, resiliencia y excelencia son pilares fundamentales para lograr resultados sobresalientes y duraderos.

Para implementar la estrategia A.R.E. en tu propio negocio, te recomendamos que comiences por analizar los cambios y tendencias en tu industria. Adáptate a estos cambios, innova y ofrece soluciones a medida para tus clientes. Ante los obstáculos, sé resiliente y busca oportunidades de crecimiento. Y, por último, nunca te conformes con los resultados iniciales; busca constantemente formas de mejorar y superar las expectativas de tus clientes.

En resumen, la estrategia A.R.E. es una poderosa herramienta para empresarios exitosos. A través de la adaptación, resiliencia y excelencia, podrás mantener tu negocio relevante, superar desafíos y alcanzar el éxito duradero en un entorno empresarial competitivo. No esperes más, ¡empieza a implementar la estrategia A.R.E. en tu negocio hoy mismo!

Capítulo 19: Aplicaciones en diferentes áreas

Cómo aplicar la estrategia A.R.E. en diferentes áreas de la vida y los negocios.

En el mundo empresarial de hoy, es esencial contar con una estrategia sólida que nos permita alcanzar el éxito y destacarnos entre la competencia. La estrategia A.R.E. ha demostrado ser altamente efectiva para empresarios exitosos en todo el mundo, y en este capítulo exploraremos cómo aplicar esta estrategia en diferentes áreas de la vida y los negocios.

Una de las áreas en las que la estrategia A.R.E. puede marcar una gran diferencia es en la gestión del tiempo. Como empresarios, a menudo nos enfrentamos a múltiples tareas y responsabilidades que requieren nuestra atención. Saber cómo priorizar y organizar eficientemente nuestro tiempo es vital para mantenernos productivos y lograr nuestros objetivos. La estrategia A.R.E. nos enseña a Analizar nuestras actividades, identificar aquellas que son realmente importantes y Rentabilizar nuestro tiempo invirtiéndolo en ellas. Esto nos permite Eliminar las actividades que nos distraen o nos restan tiempo, y enfocarnos en aquellas que generarán un mayor impacto en nuestros negocios.

Otra área en la que la estrategia A.R.E. puede ser aplicada exitosamente es en la toma de decisiones. Como empresarios, constantemente nos encontramos ante situaciones en las que debemos evaluar diferentes opciones y elegir la mejor alternativa. La estrategia A.R.E. nos recomienda Analizar detalladamente todas las opciones, considerando sus ventajas y desventajas. Luego, debemos Reflexionar sobre cuál de ellas se alinea mejor con nuestros objetivos y recursos disponibles. Finalmente, debemos Ejecutar la decisión de manera efectiva, asegurándonos de implementar un plan de acción claro y monitorear su progreso. Esta forma estructurada de tomar decisiones nos brinda mayor confianza y nos ayuda a minimizar los riesgos asociados.

La comunicación es otro aspecto fundamental en la vida empresarial y personal. Saber cómo comunicarnos de manera efectiva nos permite establecer relaciones sólidas, transmitir nuestras ideas con claridad y generar influencia positiva en los demás. La estrategia A.R.E. nos enseña a Analizar nuestro mensaje, asegurándonos de que sea relevante y comprensible para nuestro público objetivo. Luego, debemos Reflexionar sobre la mejor manera de transmitir ese mensaje, eligiendo el tono y el medio adecuados. Finalmente, debemos Ejecutar la comunicación de forma clara y persuasiva, utilizando habilidades de expresión verbal y no verbal para lograr un impacto positivo en los receptores.

La estrategia A.R.E. también puede aplicarse en el área de la innovación empresarial. En un mundo en constante cambio, es vital para las empresas adaptarse y encontrar nuevas formas de destacar. Analizar las tendencias del mercado y las necesidades de los clientes nos permite identificar oportunidades de crecimiento. Reflexionar sobre cómo podemos utilizar nuestros recursos y capacidades para aprovechar esas oportunidades es igualmente importante. Y finalmente, ejecutar nuestras ideas de manera efectiva y ágil nos permite ser pioneros en nuestra industria y marcar la diferencia.

En resumen, la estrategia A.R.E. puede ser aplicada en diversas áreas de la vida y los negocios para lograr el éxito. Ya sea en la gestión del tiempo, toma de decisiones, comunicación o innovación empresarial, esta estrategia nos proporciona un marco sólido para lograr resultados sobresalientes. En la segunda parte de este capítulo, exploraremos más aplicaciones de la estrategia A.R.E. y cómo seguir aprovechándola para alcanzar nuestros objetivos empresariales. No te pierdas esta reveladora continuación en la que descubriremos nuevas formas de implementar la estrategia A.R.E. en tu vida profesional. En la segunda parte de este capítulo, continuaremos explorando más aplicaciones de la estrategia A.R.E. y cómo seguirla aprovechando para alcanzar nuestros objetivos empresariales. Enfrentarse a los desafíos y aprovechar las oportunidades es fundamental para el éxito empresarial. Veamos cómo la estrategia A.R.E. puede ayudarnos a lograrlo.

Un área en la que la estrategia A.R.E. puede ser aplicada de manera efectiva es en la gestión de recursos. Como empresarios, tenemos recursos limitados, ya sean financieros, humanos o materiales. Es esencial analizar detenidamente cómo estamos utilizando estos recursos, identificar aquellos que están generando el mayor retorno de inversión y rentabilizarlos al máximo. Además, debemos reflexionar sobre cómo podemos optimizar nuestros recursos existentes y buscar oportunidades para adquirir nuevos recursos que nos permitan impulsar nuestro negocio. Finalmente, debemos ejecutar esto de manera eficiente y asegurarnos de que nuestros recursos estén siendo utilizados de manera estratégica y productiva.

Otra área importante en la que la estrategia A.R.E. puede marcar la diferencia es en el desarrollo de habilidades. En un mundo empresarial cada vez más competitivo y en constante evolución, es fundamental mantenernos actualizados y adquirir nuevas habilidades para sobresalir. La estrategia A.R.E. nos insta a analizar nuestras habilidades actuales e identificar aquellas que son críticas para nuestro éxito. Luego, debemos reflexionar sobre cómo podemos desarrollar estas habilidades y buscar oportunidades de aprendizaje y crecimiento. Finalmente, debemos ejecutar un plan de acción claro para adquirir y perfeccionar estas habilidades, ya sea a través de capacitación, mentoría o experiencia práctica. Esto nos permitirá estar preparados para los desafíos futuros y abrir nuevas oportunidades profesionales.

La estrategia A.R.E. también puede ser aplicada en el área de la colaboración y el trabajo en equipo. En un entorno empresarial cada vez más interconectado, es fundamental aprender a trabajar de manera efectiva con otros. Analizar las fortalezas y debilidades de nuestro equipo, y asignar roles y responsabilidades de manera estratégica, es clave para lograr resultados sobresalientes. Reflexionar sobre cómo podemos mejorar nuestra comunicación y construir relaciones sólidas dentro del equipo es igualmente importante. Finalmente, ejecutar actividades de colaboración de manera efectiva, fomentando la creatividad y la sinergia entre los miembros del equipo, nos permitirá alcanzar metas comunes y maximizar nuestro potencial colectivo.

El liderazgo también es un área en la que la estrategia A.R.E. puede ser aplicada con éxito. Como empresarios, debemos ser líderes efectivos, capaces de inspirar y guiar a nuestro equipo hacia el éxito. Analizar nuestras fortalezas y debilidades como líderes, y reflexionar sobre cómo podemos mejorar nuestras habilidades de liderazgo, es esencial. Esto nos permitirá identificar medidas concretas que debemos tomar para desarrollarnos como líderes y ejecutar acciones que nos ayuden a ser más eficaces en nuestra labor. Al aplicar la estrategia A.R.E. en el área del liderazgo, podemos construir equipos sólidos, motivados y comprometidos, y lograr resultados excepcionales.

En conclusión, la estrategia A.R.E. puede ser aplicada en diversas áreas de la vida y los negocios para lograr el éxito. En este capítulo, hemos explorado cómo esta estrategia puede ser aplicada en la gestión del tiempo, toma de decisiones, comunicación, innovación empresarial, gestión de recursos, desarrollo de habilidades, colaboración y liderazgo. Al analizar, reflexionar y ejecutar de manera estratégica, podemos maximizar nuestro potencial y alcanzar nuestros objetivos empresariales. A medida que continuamos en nuestro viaje empresarial, no dejemos de aplicar la estrategia A.R.E. y aprovechar al máximo sus beneficios.

Capítulo 20: Conclusiones y recomendaciones finales

Recapitulación de los conceptos clave y recomendaciones finales para el éxito con A. R. E.

En este capítulo final, nos gustaría resumir los principales conceptos que hemos explorado a lo largo de este libro y ofrecer algunas recomendaciones finales clave para que los empresarios puedan tener éxito mediante el uso de la estrategia A. R. E.

A lo largo de estas páginas, hemos profundizado en la comprensión de cómo la estrategia A. R. E. puede abrir nuevas oportunidades para los empresarios y ayudarles a alcanzar el éxito en sus empresas. Hemos explorado los tres pilares fundamentales de esta estrategia: la adaptabilidad, la resiliencia y la ejecución.

La adaptabilidad es crucial en un mundo empresarial en constante cambio. Hemos aprendido la importancia de entender y responder rápidamente a las demandas del mercado y a las necesidades de los clientes. Los empresarios exitosos deben ser capaces de adaptarse y ajustar sus estrategias comerciales y de gestión cuando sea necesario.

La resiliencia es otro factor clave para el éxito empresarial. A lo largo de este libro, hemos destacado la importancia de mantener la determinación y la resistencia frente a los desafíos y obstáculos que se presentan. La capacidad de superar las adversidades y aprender de los fracasos es esencial para mantenerse en el camino hacia el logro de los objetivos empresariales.

La ejecución también ha sido un tema recurrente en nuestra discusión. No basta con tener una buena idea o una estrategia sólida; es necesario ejecutarla de manera efectiva y consistente. A lo largo de los capítulos anteriores, hemos presentado diversas herramientas y consejos para ayudar a los empresarios a llevar a cabo sus planes de manera eficiente.

En términos de recomendaciones finales, queremos enfatizar la importancia del aprendizaje continuo. Los empresarios exitosos están dispuestos a seguir creciendo y mejorando, manteniéndose al tanto de las últimas tendencias, investigando nuevas estrategias y brindando espacios para la innovación en sus organizaciones.

Además, animamos a los empresarios a rodearse de un equipo sólido y confiable. No se puede lograr el éxito en solitario. Es fundamental construir un equipo de colaboradores comprometidos y capacitados, que compartan la visión y los valores de la empresa.

La gestión del tiempo y la organización efectiva también son recomendaciones clave. Asegurarse de asignar tiempo adecuado a cada tarea importante, establecer metas claras y tener un buen sistema de seguimiento y control de las actividades empresariales permitirá a los empresarios mantenerse enfocados y maximizar su productividad.

Como mencionamos al inicio de este capítulo, esto es solo la mitad de nuestra conclusión y recomendaciones finales. Aún queda mucho por explorar y discutir para ayudar a los empresarios a alcanzar el éxito con la estrategia A. R. E. Pero eso lo veremos en la segunda parte del capítulo.

Continuará...En esta segunda parte del capítulo, continuaremos explorando los conceptos clave y las recomendaciones finales para el éxito con la estrategia A. R. E.

A medida que los empresarios buscan implementar la estrategia A. R. E., es fundamental que estén dispuestos a asumir riesgos calculados. La innovación y la creatividad son aspectos fundamentales para adaptarse a un entorno empresarial en constante cambio. Los empresarios exitosos deben estar dispuestos a probar nuevas ideas y enfoques, incluso si eso implica correr ciertos riesgos. Sin embargo, es importante evaluar estos riesgos de manera cuidadosa y estratégica, considerando todas las posibles implicaciones antes de tomar decisiones importantes.

Además, es fundamental tener una mentalidad de crecimiento y estar abierto al aprendizaje. Los empresarios exitosos reconocen que siempre hay oportunidades de mejora y están dispuestos a recibir retroalimentación y aprender de otros. Buscar mentoría y establecer redes de apoyo con otros empresarios puede ser invaluable para el crecimiento personal y profesional. Además, la capacitación constante y la actualización de habilidades son esenciales para mantenerse al día en un mundo empresarial en evolución.

La gestión eficiente de los recursos y las finanzas también es fundamental para el éxito empresarial. Los empresarios deben ser conscientes de cómo se utiliza el capital de la empresa y asegurarse de asignar recursos adecuados a las áreas clave. Esto implica tener un control riguroso sobre los costos, buscar oportunidades para maximizar la eficiencia y hacer inversiones estratégicas que impulsen el crecimiento a largo plazo.

Otro aspecto importante es el establecimiento de objetivos claros y medibles. Los empresarios exitosos se esfuerzan por fijar metas realistas y alcanzables, tanto a corto como a largo plazo. Estas metas deben ser específicas, medibles, alcanzables, relevantes y con un tiempo determinado (SMART, por sus siglas en inglés). Además, es recomendable desarrollar un plan de acción detallado que defina los pasos necesarios para alcanzar dichas metas.

La gestión efectiva de las relaciones con los clientes es otro factor crucial para el éxito empresarial. Los empresarios exitosos se enfocan en comprender y satisfacer las necesidades y demandas de sus clientes, brindando productos y servicios de calidad que superen sus expectativas. Esto implica establecer una comunicación abierta y constante con los clientes, fomentar la lealtad a la marca y buscar oportunidades para mejorar la experiencia del cliente.

Finalmente, es importante recordar que el éxito empresarial no es solo medido en términos financieros, sino también en el impacto social y ambiental positivo que se genera. Los empresarios exitosos se preocupan por el bienestar de sus empleados, la comunidad y el medio ambiente. En este sentido, es recomendable adoptar prácticas comerciales responsables y sostenibles, que promuevan un crecimiento equilibrado y contribuyan al desarrollo de la sociedad en general.

En conclusión, la estrategia A. R. E. brinda a los empresarios una estructura sólida para alcanzar el éxito en sus empresas. La adaptabilidad, la resiliencia, la ejecución, la creatividad y la mentalidad de crecimiento son elementos clave para implementar esta estrategia de manera efectiva. Además, es fundamental gestionar los recursos y las finanzas de manera eficiente, establecer metas claras y medibles, y mantener relaciones sólidas con los clientes. Al adoptar estas recomendaciones finales, los empresarios estarán en el camino adecuado hacia el éxito empresarial y el logro de sus objetivos.

Don't miss out!

Visit the website below and you can sign up to receive emails whenever Gonzalo Estrada publishes a new book. There's no charge and no obligation.

https://books2read.com/r/B-A-OZBBB-FSDYC

BOOKS 2 READ

Connecting independent readers to independent writers.